醉裡挑燈看歷史，
原來歷史的趣味，
竟然如此濃烈……

〔新版〕

歷史不能細讀

文歡 主編

序　言

　　歷史的真實細微之處往往令人震驚。然而魯迅先生曾經指出，歷史往往是不可靠的，同時代人所寫的歷史尤其不可靠。胡適先生也曾有過一個精采的比喻，歷史就是一位任人梳妝打扮的小姑娘。不要說在專制的封建社會裡，文網恢恢，動輒得咎，書寫歷史成了一個極其危險的職業，因秉筆直書而遭遇血光之災甚至禍及九族者不知凡幾；就是到了近代乃至現代，歷史仍然充滿了數不清的謎團。隨著時間的推移和史料的發現，有些謎團才陸續地得以解開。

　　因此可以說，史家的任務就在於區別真實的和虛構的、確定的和不確定的，以及可疑的和不能接受的。這就要求，史家須摒棄功利，獨立思考，嚴肅認真，不斷地對歷史進行追問。把那些或者是因為利誘和威脅，或者是出於某種政治需要，或者是因為偏見，或者是因為個人的感情和愛憎，或者是我們所無法知道的原因，而背離了真實的歷史，一點一滴、持之以恆地去偽存真，恢復其本來面目，從而使歷史成為時代的見證、真理的火炬、記憶的生命、生活的老師和前人的使者。

　　說到底，歷史就是對細節真相的探究。然而，說出真相不是一件容易的事。魯迅先生說過，謊言和假話越來越多，中國的文

化從某種意義上來說，就是「瞞」和「騙」的文化。它已經成了民族的心理痼疾，因此，說出真相就具有挑戰某種民族思維的質。真相的獲得，需要歷史學家的勇氣和責任感，需要探索，需要發現。值得慶幸的是，近些年來，一些史家和歷史事件的知情者、親歷者，孜孜以求，以史實為依據，按跡尋蹤，見微知著，絕不妄加穿鑿，挖掘史料中的深層內涵，探尋歷史的本相、本質和發展規律，實事求是地評價人物的是非功過和歷史作用，體現了歷史學家的史膽、史識和史德。筆者有感於此，把近年來發表的有新意且有價值的文章，略作分類，編就此書。

這些文章，有些是歷史事件知情者、親歷者的回憶，把僵硬的歷史還原為一個活生生的生命，變得有血有肉，呼之欲出；有些是把被有意迴避或語焉不詳的歷史，經過作者的調查和探索，使其重見天日並予以合適的評價；有些是根據逐漸解密的檔案或史料，把塵封多年因而被長期誤讀的歷史賦予嶄新的生命和意義；有些是對歷史上某些事件、人物的說法、評價甚至是「定論」，根據作者的研究和發現，建構起迥異以往的命題和意蘊；有些則是將被歪曲、篡改甚至顛倒的歷史，還其本來面目或重新顛倒過來。

本書所收錄的文章思想開放，無論是觀點還是材料，都有很多新鮮感，那種陳陳相因的陳詞濫調，在這裡無處安身。閱讀本書猶如走進一個陌生的國度，新穎的景觀層出不窮，身心會陶醉在一種受到新知刺激才會產生的精神愉悅。

學人和專家們閱讀本書會受到領悟、啟發甚至震動，但本書主要還是以大眾為閱讀對象。對那些「純學術」的鴻篇巨作，敬

謝不敏。眼睛向下，拒絕枯燥，注重文采，把平民化、生動、可讀和趣味作為遴選文章的取向。學術只是一種精神，一種風骨，而鮮活豐滿的血肉和生命，才是我們的追求。

應該說明的是，本書的分類完全是為了閱讀的方便，多數文章因意蘊的多元，都是難以強做劃分的。人物和事件的順序基本上按時代先後編排，個別長文做了一些刪節。書中所收文章大都是「一家之言」，並不能完全代表編者和出版者的觀點，敬請讀者明鑒。

祕密檔案

Contents

還原真相

歷史現場

Contents

祕密檔案

康熙皇帝17個兒子的生死命運

秋風獨行雁

雍正皇帝在《大義覺迷錄》一書中，就「謀父」、「逼母」、「弒兄」、「屠弟」、「貪財」、「好殺」、「酗酒」、「淫色」、「好諛」、「任佞」等十項大罪，進行自辯，頒行天下。然而，事與願違，欲蓋彌彰，弄巧成拙，愈描愈黑，留下生動而曲折的歷史故事。

那麼事情的真相究竟如何？雍正的上述罪名能否成立？以下讓我們一一來分析：

雍正是否毒死皇父？一種說法是：康熙帝是喝了胤禛送的人參湯被毒死的。這話從倫理、法理、情理講，既悖於情，也不合理。從當時的具體環境、周圍條件分析，既違背史實，也絕無可能。

雍正是否逼死生母？《大義覺迷錄》說：「逆書加朕以逼母之名。」看來當時雍正「逼母」說流傳很廣。雍正生母烏雅氏，生有三個兒子：允禛、允祚（5歲死）、允禵。傳說：雍正繼位後，將允禵調回北京關押起來，他母親想見允禵，雍正不准。太后一氣之下，撞死在鐵柱子上。烏雅氏眼看親生兒子允禵被囚禁，作為皇太后能不生氣嗎？時人將雍正母親的死同雍正囚禁胞弟聯繫起來是很自然的事情。

雍正是否弒兄殺弟？雍正繼承皇位之日，就面臨著兄弟們的不滿和挑戰。康熙崩逝的噩耗傳出，京城九門關閉6天，諸王非

得令旨不得進入大內。箭在弦上，形勢緊張。當時年滿20歲的皇子共有15人：即雍正的大哥允禔、二哥允礽、三哥允祉、五弟允祺、七弟允祐、八弟允禩、九弟允禟、十弟允䄉、十二弟允祹、十三弟允祥、十四弟允禵、十五弟允禨、十六弟允祿和十七弟允禮。

大阿哥允禔，在太子廢立中得罪皇父，被奪封爵，幽禁於府第。康熙派貝勒延壽等輪番監守，並嚴諭：疏忽者，當族誅。允禔已成為一隻不見天日的死老虎。雍正十二年（1734年）死，以貝子禮殯葬。

二阿哥即廢太子允礽，被禁錮在咸安宮。雍正仍不放心，一方面封其為理郡王，另一方面又命在山西祁縣鄭家莊蓋房駐兵，將允礽移居幽禁。雍正二年（1724年），允礽死去。

三阿哥允祉，本不太熱心皇儲，一門心思編書，但也受到牽連。雍正即位後，以「允祉與太子素親睦」為由，命「允祉守護景陵」，發配到遵化為康熙守陵。允祉心裡不高興，免不了私下發些牢騷。雍正知道後，乾脆將允祉奪爵，幽禁於景山永安亭。雍正十年（1732年），允祉死。

五弟允祺，康熙親征噶爾丹時，曾領正黃旗大營，後被封為恒親王。允祺沒有結黨，也沒有爭儲。雍正即位後，藉故削其子的封爵。雍正十年（1732年），允祺死。

七弟允祐，雍正八年（1630年）死。

八弟允禩，是雍正兄弟中最為優秀、最有才能的一位。但是，「皇太子之廢也，允禩謀繼立，世宗深憾之」。雍正繼位後，視允禩及其黨羽為眼中釘、肉中刺。允禩心裡也明白，常快快不快。雍正繼位，耍了個兩面派手法：先封允禩為親王──其福晉對來祝賀者說：「何賀為？慮不免首領耳！」這話傳到雍正

那裡，命將允禩福晉趕回娘家。不久，藉故命允禩在太廟前跪一晝夜。後命削允禩王爵，高牆圈禁，改其名為「阿其那」。「阿其那」一詞，學者解釋有所不同，過去多認為是「豬」的意思，近來有學者解釋為「不要臉」。允禩幽禁多年，受盡折磨，終被害死。

九弟允禟，因同允禩結黨，也為雍正所不容。允禟心裡明白，私下表示：「我行將出家離世。」雍正哪能容許允禟出家！他藉故將允禟革去黃帶子、削宗籍，逮捕囚禁。改允禟名為「塞思黑」。「塞思黑」一詞，過去多認為是「狗」的意思，近來有學者亦解釋為「不要臉」。不久又給允禟定28條罪狀，送往保定，加以械鎖，命直隸總督李紱幽禁之。允禟在保定獄所備受折磨，以「腹疾卒於幽所」，傳說是被毒死的。

十弟允䄉，因黨附允禩，為雍正所恨。雍正元年（1723年），哲布尊丹巴胡圖克圖來京病故，送靈龕還喀爾喀（今蒙古國），命允䄉齎印冊穴賜奠。允䄉稱有病不能行，命居住在張家口。同年藉故將其奪爵，逮回京師拘禁。直到乾隆二年（1737年）才獲開釋，後死。

十二弟允祹，康熙末年任鑲黃旗滿洲都統，很受重用，也很有權，但沒有結黨謀位。雍正剛即位，封允祹為履郡王。不久，藉故將其降為「在固山貝子上行走」，就是從郡王降為比貝勒還低的貝子，且不給實爵，僅享受貝子待遇。不久，又將其降為鎮國公。乾隆即位後被封為履親王。這位允祹較之其他兄弟氣量大，一直活到乾隆二十八年（1763年），享年78歲。

十四弟允禵，雖與雍正一母同胞，但因他黨同允禩，又傳聞康熙臨終前命傳位「胤禵」而雍正之黨篡改為「胤禛」，所以二人成了不共戴天的冤家兄弟。雍正即位，先是不許撫遠大將軍允

禩進城弔喪，又命其在遵化看守皇父的景陵，再將其父子禁錮於景山壽皇殿。乾隆繼位後，將其開釋。

十五弟允禑，康熙死後，雍正命其守景陵。

境遇比較好的有三人：就是其十三弟允祥、十六弟允祿和十七弟允禮。允祥，曾被康熙幽禁，原因不詳。雍正繼位，即封允祥為怡親王，格外信用。允祿，過繼給莊親王博果鐸為後，襲封莊親王。允禮，雍正繼位封為果郡王，再封為親王，先掌管理藩院事，繼任宗人府宗令，管戶部。允祥和允禮顯然早就加入「胤禛黨」，只是康熙在世時，十分隱祕，沒有暴露。

祕密檔案

017

清代第一大貪污案

姜洪源

乾隆四十六年（1781年），在甘肅發生過一起地方官員以賑災之名，共謀作弊、肆意侵貪的大案，牽涉總督、布政使及以下道、州、府、縣官員113人，追繳贓銀281餘萬兩，波及直隸、盛京、江蘇、浙江、雲南等數省，震動全國，時稱「甘肅冒賑案」。

起義引出大案

這樁貪污案早在乾隆三十九年（1774年）就開始了，隱匿事實真相達7年之久，是循化廳撒拉族人蘇四十三的反清起義，引發了這樁大案的徹底敗露。

乾隆四十六年（1781年）三月，屬甘肅河州管轄的循化廳（今青海循化縣）撒拉族人蘇四十三，因不滿清朝政府的民族歧視和壓迫，率撒拉人、回民起事反清，進逼蘭州。乾隆皇帝唯恐蘭州不保，急調連城、涼州、陝西等地援軍進剿。數萬官軍會聚省城，軍費兵餉成了大問題。由於官軍不能速勝，乾隆震怒，撤了陝甘總督勒爾謹的職，一時甘肅地方官員惶惶不可終日。

時任甘肅布政使的王廷贊，為了擺脫困境，主動向乾隆帝上奏。奏摺說：「臣甘願將歷年積存廉俸銀四萬兩，繳貯甘肅藩庫，以資兵餉。」

王廷贊萬萬沒想到，他的一道奏摺，被精明的乾隆皇帝看出

了破綻。乾隆責問：「王廷贊僅任甘肅藩司（即布政使），何以家計充裕？」當即傳諭已經在甘肅的大學士阿桂和署理陝甘總督李侍堯，嚴密訪查王廷贊因何家道充裕，是否與甘肅捐監一事有染指情弊。

穀糧變銀子

清代一省的布政使（即藩司，主管財政、人事、刑名）是總督、巡撫的輔助官員。甘肅地瘠民貧，官場清苦，王廷贊作為一省之布政使，無論如何也應該捐不出4萬兩私銀。此時，已遠調浙江升任巡撫的前甘肅布政使王亶望，曾在乾隆四十五年，乾隆南巡之機貪污情形敗露。事情如此巧合，為什麼甘肅兩任布政使均擁有如此鉅資，是否在甘肅捐監辦理過程中謀取私利？於是，乾隆一面集重兵於蘭州，鎮壓起義，一面又在甘肅拉開了追查地方官員冒賑侵貪的內幕。

甘肅地處西北，災情經常發生。清初，曾經實行過凡願意取得國子監生資格的讀書人，須按規定數目向當地官倉捐繳豆麥穀糧，取得資格的可以應試入官，時稱「捐監」。遇到災荒，即用這些糧食賑濟災民。但在實行過程中，由於弊端叢生而一度停止。乾隆三十九年（1774年）四月，王亶望任甘肅布政使後，以甘肅災荒連年，倉儲不足，可恢復舊例用捐監糧米賑災為由，說服了陝甘總督勒爾謹。於是，自此開始在甘肅各地開捐。

其實，所謂倉儲不足只是個幌子，捐監是為了取得一個假公濟私的「名目」。王亶望採取了與以往捐監不同的辦法，讓監生把應捐的穀糧折為銀子，改「原令只收本色糧米」為「私收折色銀兩」。清廷在批准復開監捐時，規定每名監生捐糧43石，王亶望把這43石糧食改收銀子47兩，另外加收辦公銀、雜費銀8兩，

合計每名監生共收銀55兩。這樣，捐監的穀糧一下子變成了白花花的銀子了。

幹出這樣大的出格事，得有個得力助手，王亶望調親信蔣全迪為蘭州知府，公開授意各州縣將收來的銀子總交蔣全迪辦理。蔣全迪任職後，將監糧折成白銀，並將收取的白銀借賑災的名義任意開銷，僅從乾隆三十九年（1774年）四月至四十二年（1777年）初，開捐不到三年，就開銷監糧600餘萬石。而這些銷去的糧食，實際上折成了銀子，落到貪官手中。

為了充分利用這次捐監獲利的機會，私吞更多的銀子，蔣全迪與王亶望商議，為各縣預定災情，按照各縣報災的輕重，定出收捐數額，由藩司將預定單發給各縣，由各縣照單開賑。換句話說，縣上想報多少，就報多少。

當時，王亶望收受銀子有個規矩，就是下屬送銀子不能讓他看見，否則他是不收的。行賄的人就把銀子放到酒罈裡，放到菜筐裡，或者通過看門人送交，王亶望和他的屬下自然心知肚明。為了貪贓，州府官員也在其中扮演了極不光彩的角色，他們有的直接參與分贓，有的接受賄賂，有的向上報假情況包庇下屬。當時，甘肅官場有這樣的話流傳：「一千兩見面，兩千兩吃飯，三千兩射箭。」是對王亶望們賄賂情形的真實寫照。

清官變貪官

王亶望調任後，王廷贊接任甘肅布政使。王廷贊起初發現監糧折銀不符合捐監的規定，也曾與總督勒爾謹商議，欲請停捐，但實在經不住利益的誘惑，王廷贊也開始違規折收白銀。從乾隆四十二年（1777年）六月至四十六年（1781年）初，在他的任上，又辦理監糧500多萬石，與王亶望如出一轍，復蹈泥潭。

王廷贊任甘肅布政使之前，曾做過安定縣知縣，也曾廉潔奉公，也曾為安定縣百姓做過不少好事，至今在定西地區還有一座殘留的「王公橋」，這是老百姓對架橋修路、造福一方的縣官的讚譽。但他在接任甘肅布政使後，利欲薰心，與勒爾謹在辦理捐監時沆瀣一氣。乾隆派員查辦甘肅貪案，和珅也在其中，而王廷贊與和珅私交甚好。和珅到蘭州後，王廷贊如同抓住了一根救命稻草，請其出謀劃策。和珅讓他交出一些銀子，資兵餉，賑貧民，以掩人耳目，減輕罪責，這才有了前文王廷贊給乾隆皇帝的捐銀奏摺。王廷贊上奏後，便急與省內上下官員通風報信，藏匿金銀，所以當辦案官員奉旨對其家財查抄時，所獲無幾。

早在甘肅復開捐監之日起，乾隆皇帝就始終關注監糧的辦理情況。乾隆四十二年（1777年）初，乾隆派刑部尚書袁守侗前往甘肅開倉查糧。甘肅各州縣官員串通作弊，在糧倉的下面鋪架木板，木板上面撒上穀物，給袁守侗「糧倉滿囤」的假相。袁守侗回京覆命，奏稱「倉糧係屬實貯」，乾隆信以為真。

東窗事發

乾隆四十二年（1777年）五月，被蒙在鼓裡的乾隆因王亶望辦理監糧「有功」，一道諭旨將其調往浙江升任巡撫。蘇四十三起事反清，圍困蘭州。和珅、阿桂一行到達蘭州後，在奏摺中多次提到甘肅地方經常陰雨，往往延滯用兵，特別是官軍將蘇四十三義軍逼到蘭州城外華林山上，由於大雨不斷，華林山久攻不克。乾隆聯想當年王亶望在甘肅任職期間，連年奏報地方乾旱，唯獨今年雨多，其中必有虛報情形。恰巧此時王廷贊、王亶望做賊心虛，自願捐銀、認罰的舉動，乾隆這才真正引起警覺。

經查，至乾隆四十六年（1781年）初，甘肅省共有274450名

報捐監生，收銀15094750兩，合計侵貪賑銀2915600兩，所謂監糧有名無實。署理陝甘總督李侍堯奉旨清查各地監糧，發現不僅沒有貯存監糧，而且平時國庫應存儲的正項存糧也有虧空。

乾隆聞知情形，下旨道：「甘肅此案，上下勾通，侵帑剝民，盈千累萬，為從來未有之奇貪異事。案內各犯，俱屬法無可貸。」乾隆四十六年（1781年）秋七月，乾隆降旨：總督勒爾謹賜令自盡，兩任布政使王亶望和王廷贊、蘭州知府蔣全迪依法正法。八月諭令：甘肅捐監一事立即禁止。緊接著，陸續降旨，將侵貪賑銀一千兩以上的官員程棟、陳嚴祖等56名貪官正法。

慈禧與光緒、珍妃之死

葉赫那拉‧根正

光緒之死

對於慈禧和光緒的死，一些歷史學家研究了很多年，但是所有的說法都未能成為定論。所以歷史上也把光緒的死，定為一個疑案。

在爺爺的記憶裡，那是光緒三十四年（1908年）十月二十一日的傍晚，年僅38歲的光緒皇帝，躺在冰涼寂靜的中南海瀛台涵元殿，離開了人間。

世上的事情竟是如此湊巧，就在光緒病危之際，慈禧也已病入膏肓。但是由於她秉性剛強，神志卻非常清醒。她感到了光緒的病情已顯露出危急的迹象時，就已經考慮為光緒立嗣之事，她接納了軍機大臣世續和張之洞的意見，立醇親王載灃的兒子溥儀為嗣，任命載灃為攝政王。於十月二十日連發三道上諭。

根據史料的記載，光緒在這一天已經神志昏迷了，而慈禧卻還是神志非常清醒，完全沒有將死的迹象，所以說慈禧害死光緒的事情完全是一些人杜撰出來的。但是也就在這一天，慈禧也開始發病了。

第二天，光緒死去。「上疾大漸」，「酉刻崩於瀛台之涵元殿」。而這個時候，慈禧又連發三道懿旨：「攝政王載灃之子溥儀著入承大統為嗣皇帝」、「溥儀承繼毅皇帝為嗣，兼承大行皇

帝祧」、「嗣皇帝尚在沖齡，正宜專心典學，著攝政王載灃為監國。所有軍國政事悉秉予之訓示，裁度施行。」

慈禧在兩天內選擇了溥儀作為下一任皇帝的接班人。在我們家，大家都認為慈禧就是一個操勞的命，所以在臨死之前還是為後來的清王朝做了選擇。

就這樣，光緒與慈禧在不到二十四小時內相繼死去，而生前「母子」二人的關係又是那樣的對立和微妙，不僅是清代歷史上所未有的，也是中國歷史上所罕見的。所以當消息傳出的時候，中外震驚，隨後各種評論和猜測也隨之而來。

人們普遍認為，年紀輕輕的光緒反而死在了74歲的慈禧的前面，而且只差一天，這不是巧合，而是處心積慮的謀害。於是，光緒被人謀害致死的種種說法也就由此產生了。爺爺非常不能理解慈禧將光緒害死的說法，他非常清楚，光緒的病已經有了8年的時間，死只是時間的問題。況且每次御醫給光緒看病的醫案都會呈給慈禧，光緒病情的發展狀況慈禧是最清楚的了。光緒死在慈禧前面是肯定的了，而慈禧直到在死前的兩天才被確診。

所以即便是慈禧想殺害光緒，也根本用不著自己動手。除非慈禧是個神仙，知道自己的死期。我爺爺非常肯定地說：「光緒根本不是慈禧害死的，這些都是後人的謠傳。很多人不但說光緒是慈禧害死的，說同治也是慈禧害死的，這樣的說法欠證據。中國人幾百年來的說法就是：虎毒不食子。慈禧作為一個封建社會的統治者，這點意識還是有的，不可能害死自己的兒子。」

那麼，光緒究竟是怎麼死的呢？

光緒37歲時寫的《病原》中說：遺精已經將近二十年，前幾年每月遺精十幾次，近幾年每月二三十次，經常是無夢不舉就自行遺泄，冬天較為嚴重。腰腿肩背經常感覺酸沉，稍遇風寒必定

頭疼，耳鳴也近十年⋯⋯

　　而光緒二十六年（1900年）以後，他的病不斷惡化，未見好轉。關於光緒的死，歷史上也是有記載的：光緒三十四年（1908年）三月初九日，御醫曹元恒在《脈案》中寫道：皇上肝腎陰虛，脾陽不足，氣血虧損，病勢十分嚴重。

　　這也就是說在治療上不論是寒涼藥還是溫燥藥都不能用，處於無藥可用的嚴重局面。而在五月初十，御醫陳秉鈞寫的《脈案》上寫有：「調理多時，全無寸效」的話。

　　七月十六日，江蘇名醫杜鍾駿為皇帝看過病後說：「我此次進京，滿以為能夠治好皇上的病，博得微名。今天看來，徒勞無益。不求有功，只求不出差錯。」

　　而拖到九月，光緒的病狀更加複雜多變，臟腑功能已經全部失調，死亡只是早一天晚一天的事了。這一年的十月中旬，光緒的病情已經進入危急階段，出現肺炎及心肺衰竭的症狀。十月十七日，周景濤、呂用賓等幾名御醫會診，一致認為光緒皇帝已是極度虛弱，元氣大傷，已處於病危狀態。並私下對朝臣說：「此病不出四日，必有危險。」

　　十月十九日，光緒已出現胸悶氣短，咳嗽不斷，大便不通，清氣不生，濁氣下降，全身疲倦乏力的症狀。到二十日，光緒已經是眼皮微睜，流著口水的嘴角只能輕輕顫抖。當天夜裡，光緒開始進入彌留狀態，肢體發冷，白眼上翻，牙關緊閉，神志昏迷。到了二十一日的中午，光緒的脈搏似有似無，眼睛直視，張嘴倒氣。拖到傍晚，便與世長辭了。

　　從這些歷史資料的記載來看，光緒去世前八年的病情都記錄在案，可以認為，光緒從開始病重一直到臨終，他的病狀演變是屬於一步步加劇的惡化進程，並沒有特別的症狀出現，既沒有中

毒或其他傷害性的迹象，也沒有突然暴死的迹象，應該是屬於正常病死。所以也應排除被慈禧投毒害死的說法。

光緒的死一直被說得沸沸揚揚，可是慈禧的死卻一直沒有人評說。爺爺對我也沒有透露關於慈禧死亡的事情，只是說因為得了痢疾，最後沒治好死了。所以我只好在一些資料中查找。後來在查閱了眾多清宮脈案後，我看到這麼一段：慈禧是死於衰老和疾病。她先患腹瀉，這和許多演義小說及傳記裡面的記載一樣，以後得併發症，兼及肝肺等臟腑，以致胃納減弱，病情加重。再加上她帶病堅持理政，不能得到充分的休息，最後心力交瘁，衰竭而死。

有人說慈禧的病，基本上是屬於慢性疾病，得病的初期沒有什麼徵兆，甚至在臨死前的日子裡，也沒有出現必死的現象。

這在《內起居注》中就有記載。這一時期，她充其量除了慢性腹瀉外，只是有些咳嗽、肋疼、口渴、舌乾及肢體軟倦等毛病而已，所以慈禧照常處理政務，每日發出的上諭及批出的奏摺，數量仍然非常多。只是到了十九日這天，她的飲食開始變得不正常。到了二十一日這天，已經不再想吃東西了。到二十二日，終於病情惡化。

這和光緒的情況完全不同。早在光緒三十四年（1908年）的三月，光緒的病就已經開始惡化，並且當時的太醫們已經束手無策。在光緒死前的五天時間內，太醫就已經判斷：死數已定。

因此，如果說慈禧有怕自己會死在光緒之前的擔心，這是不符合實際情況的。而如果說慈禧對這些情況不知道，所以對光緒下了毒手，也是根本不可能的。

珍妃之死

很多人都說光緒是被慈禧殺害的，而珍妃的死也被很多人傳言說是慈禧西行之前把她殺了。就連慈安太后的死也推到了慈禧的頭上，其實不是這樣的。我聽爺爺跟我說過，珍妃不是慈禧殺害的，那些傳言都是錯誤的。其實事情遠遠不像人們想像的那樣，而慈禧喜歡珍妃是眾所皆知的事情，因為珍妃非常有才幹，又非常聰明漂亮。在慈禧看來，珍妃就是一個年輕的慈禧，這些都讓慈禧對珍妃有著一種別樣的感情。

爺爺說：「其實只是一件事情，讓兩個人鬧得比較僵，就是，慈禧說珍妃不守婦道。因為珍妃當時通過關係從外國人的手裡買了相機，在宮裡隨便照相，並且穿的衣服在當時來說是失了體面的。另外一個原因是當時慈禧還沒有認識到照相機的作用，認為是妖術、邪術。再一個讓慈禧比較反感的事情就是珍妃喜歡穿著男服在宮裡走動，這讓慈禧非常不能理解，認為給皇家丟了臉面。其實珍妃是一個很開朗大方的女人，有點大大咧咧的。但是當時的宮廷是非常嚴謹的，從來沒出現過這種情況。也由於這樣，慈禧與珍妃產生了隔閡。但是隔閡歸隔閡，慈禧要殺珍妃的心卻沒有。」

後來在我翻看了大量的資料之後，我也相信爺爺所說的這些情況了。我看到在《白姓宮女所言》裡是這麼說的：「珍妃貌美而賢，初入宮時，極為慈禧所鍾愛，知其性喜書畫，乃命內廷供奉繆嘉蕙女士教之。平時居景仁宮，與德宗則同居養心殿。德宗嬖之，常與共膳。妃喜作男子裝，並與德宗時互易裝束，以為遊戲……慈禧則以為宮嬪所不應為，於是妃漸失慈禧歡，但尚未有若何變。」

後來又有很多傳言說是因為皇后隆裕小心眼，嫉妒成性，因

此在慈禧面前告珍妃的黑狀，所以慈禧派人把珍妃給推進了井中。這也不是事實，隆裕皇后聽了之後非常鬱悶，覺得平白被人冤枉，很生氣。

當年我爺爺奉詔進宮，去見他姊姊隆裕太后時，隆裕對我爺爺講當時的事情。隆裕說：「很多人都說是我嫉妒告她黑狀，所以老太后派人把她推到井裡去了。其實事情是這樣的：當時與八國聯軍戰敗後，洋人軍隊打到了北京。於是在完全沒有取勝希望的情況下，老太后西行。當時的情況非常緊急，因為誰也不清楚這幫洋人最後會幹什麼？會不會像燒圓明園那樣，把紫禁城也燒了。當然西行帶不了那麼多人，因為人多了就會成為負擔。但是因為當時光緒是皇帝，而我是皇后，同時又是老太后的親侄女，要帶也只能帶我和皇上走。而其他的一些親屬就地回娘家躲避，妃子們也不例外。

「可是當時的珍妃非常氣盛，不服從老太后的指揮，並當場頂撞了老太后。在那個緊急時刻，珍妃一直對老太后說：『我是光緒的妻子，我要跟著去。您有偏見，皇后是您的侄女，所以您帶她走。所以我也請求您帶我走。』這就讓老太后非常難堪，帶走一個珍妃，就必須帶走瑾妃，還有其他的一些人，所以要開這個口子很難，加上洋人已經打到北京了，再不走就來不及了。於是老太后當時非常不高興，認為珍妃根本不識大體。

「從另外一層上講，本來老太后就對珍妃平日的作為有點不高興，再加上這些緊急時刻的頂撞，老太后氣得臉色發白，直打哆嗦。在皇宮裡，大清朝幾百年來從來沒有人這麼敢於頂撞老太后，即便是皇上都從來沒有過，何況一個珍妃。老太后也是一個非常要臉面的人，所以氣得當時抬腳就走。珍妃一直跟著老太后說自己的理由，於是就來到了距離珍妃住所不遠處。珍妃這時候

還不死心，對老太后說：『我是光緒的妻子，就要跟皇上在一起，不在一起，寧願死。活著是皇家人，死了是皇家鬼。』老太后一聽，就更加生氣，本來火燒眉毛的事情，哪還有時間吵架啊，於是就對珍妃說：『妳願意死就死去吧。』當時說話的地方不遠處就有一眼井，於是珍妃緊走兩步，說：『那既然這樣，我就死給您看。』於是直接就奔井口去了。老太后一看情況不對，這孩子跟我頂撞兩句，怎麼還真的去死啊。於是對崔玉貴說：『趕緊去拉住她。』但是這個時候已經晚了，當崔玉貴跑過去的時候，珍妃已經跳下去了。可老太后一看沒辦法了，內憂外患啊，於是沒來得及管她，就走了。

「這就是出逃之前所發生的事情。一年以後，老太后和我們重新回到宮裡，想起珍妃來，還是覺得非常惋惜。這一點我們都能看得出來。而且人人都傳言珍妃就是老太后派人害死的，老太后也覺得自己很冤枉。雖然大夥沒當自己的面說，但是這事情落在自己頭上了，總得有個結果，有個說法，皇家不是隨便能損失一個妃子的。於是老太后思來想去，就把罪責推到崔玉貴頭上了。當時老太后說：『崔玉貴，讓你拉住珍妃你沒拉住，等於是你把珍妃害死的。沒拉住就等於是你害死的。』當時老太后就給自己找了這麼一個臺階。

「但後來崔玉貴也沒被殺，只是攆出宮去。」

從宮裡回到了家，我爺爺也非常氣憤：「為什麼什麼事情都要往自己家人頭上扣呢？還有，那些傳言真的是太過分了，估計就是那幫太監胡說八道，這才有了這樣的話。」於是在和我父親聊天的時候，爺爺就把這件事情說了。爺爺說：「社會上傳說的珍妃被慈禧害死的事情，完全是胡編亂造。因為這件事情發生的

時候，皇后在場，她就是現場的見證人。」

　　今天說起這件事情來，彷彿爺爺說話的樣子還在面前：家人平白無故地被人詆毀，特別是他平日裡最喜歡的和最有涵養的姊姊隆裕被人冤枉，讓他怎麼也接受不了。我們家都知道，隆裕非常喜歡我爺爺，對這個弟弟也是關愛有加，有些心裡話是願意同他說的。在更晚些時候，當我爺爺再次去宮裡見隆裕時，還聽到隆裕說珍妃真是一個太剛強的女人了。可見，這件事情給了隆裕很大的打擊，人們的不理解直接讓隆裕產生了很大的心理負擔。

　　我們家對珍妃究竟怎麼死的，是非常清楚的。我個人認為現在社會上所說的一些關於珍妃的死以及珍妃與慈禧的關係，很多都是杜撰的，是從野史或者傳說中找出來的，不足信。

慈禧陪葬品價值白銀億兩

龍　文

　　她不是皇帝，卻把兩代帝王玩弄於股掌之中；她只是個女人，卻讓鳳高高地飛翔於龍之上；她的陵墓超越了她的丈夫，是清東陵中最精美的。然而，令她沒有想到的是，正是這種精美令她死後陵墓被盜，靈魂不得安寧。她就是統治中國近60年，近代史上赫赫有名的慈禧太后。

棺內「填空」的珠寶就值223萬兩白銀

　　慈禧死後，其棺內陪葬的珍寶價值高達億兩白銀。大太監李蓮英和侄子合寫的《愛月軒筆記》中，詳細記載了慈禧隨葬品的種類、數量、位置以及價值等。

　　在慈禧棺內，底部鋪的是金絲織寶珠錦褥，厚7寸，鑲有大小珍珠12604粒、寶石85塊、白玉203塊。錦褥之上鋪著一層繡滿荷花的絲褥，絲褥上鋪珍珠2400粒。

　　蓋在慈禧屍身上的是一條織金陀羅尼經被，被子用明黃緞撚金織成，織有陀羅尼經文2.5萬字。經被上還綴有820粒珍珠。盜墓者拆走珍珠後，就將這條價值連城的經被棄之於地，1979年清理地宮時才被發現。經被之上還覆有一層綴有6000粒珍珠的被子，也是無價之寶。

　　入殮時的慈禧頭戴鑲嵌珍珠寶石的鳳冠，冠上一顆珍珠重4兩，大如雞蛋，當時就值白銀1000多萬兩，鳳冠價值則可想而

知；口內含夜明珠一粒，據傳夜間百步之內可照見頭髮；脖頸上有朝珠3掛，兩掛是珍珠的，一掛為紅寶石的；身穿金絲禮服，外罩繡花串珠褂，足蹬朝靴，手執玉蓮花一枝。

在其身旁，還陪葬著金、玉佛像，以及各種寶石、玉石、珊瑚等。據說，當寶物殮葬完畢後，送葬的人發現棺內還有空隙，就又倒進了4升珍珠和2200塊紅寶石、藍寶石和祖母綠寶石。光這些「填空」的珠寶，就價值223萬兩白銀。

據悉，慈禧陵中被盜的珍寶或被孫殿英等人用來行賄，或被變賣，或遭毀壞，甚至被走私到國外，絕大多數至今下落不明。

據傳，為了逃脫罪責，孫殿英曾把慈禧口中所含的夜明珠送給了宋美齡。但隨著時間的流逝，這些被盜珍寶到底去了哪裡，任誰也說不清了。

炸開地宮大門孫殿英挖開慈禧陵

1928年7月1日，駐在河北遵化清東陵附近的國民革命軍第十二軍軍長孫殿英打上了東陵的主意。在把兩個旅的兵力開進東陵四周後，他就開始探查地宮的入口，並計劃在盜墓完成後以換防為由撤離東陵，把事情嫁禍到土匪身上。

從7月4日至7月10日，炮聲不斷從東陵傳出，當時當地百姓以為是在打仗，誰也不敢出門。但令他們想不到的是，兩座陵墓已被炸開了。

棺蓋揭開時，霞光四射，慈禧太后面貌如生

盜墓者是怎樣打開慈禧棺槨的呢？這曾經是一個謎。直到多年以後，一本叫《世載堂雜憶》的書，才披露了一名據稱曾參與盜陵的連長的回憶，這個謎才被解開。

據這名連長敘述，為撬開慈禧的內棺，光芒四射的金漆外槨竟被匪兵刀砍斧劈，四分五裂。匪兵們把砍碎的木頭搬開後，就現出了一具紅漆內棺。由於怕刀斧損傷棺內的寶物，當官的就命匪兵小心謹慎地用刀撬開內棺。

> 「當時，將棺蓋揭開，只見霞光滿棺，兵士每人執一大電筒，光為之奪，眾皆駭異。俯視棺中，西太后面貌如生，手指長白毛寸餘……珠寶堆積棺中無算，大者由官長取去，小者由各兵士陰納衣袋中。於是司令長官下令，卸去龍袍，將貼身珠寶搜索一空。」

金木石三絕

慈禧的陵寢是清東陵建築群中最精美的一座，可稱得上是金、木、石三絕。

「金絕」：據《清史》記載，僅三大殿所用的葉子金就達4592兩，殿內外彩繪2400多條金龍，64根柱上都纏繞著半立體銅鎏金盤龍。

「木絕」：是說三大殿的樑、枋都是用木中上品——黃花梨木製成。這種質地堅硬、紋理細密的木材現在已瀕臨絕種，其價值稱得上是寸木寸金。

「石絕」：是指慈禧陵寢的石料一律採用上好的漢白玉，石雕圖案更是絕中之絕。76根望柱柱頭全部雕刻著翔鳳，鳳的下面是雕在柱身裡外側的兩條龍，形成獨一無二的「一鳳壓兩龍」造型，寓意著慈禧生前的無上權力。

義和團「刀槍不入」之謎

張　鳴

1999年該紀念的事情似乎特別多，令人有目不暇接的感覺，但是有一個紀念是我們大家無論如何都不應該忘記的，那就是「義和團運動」一百週年。似乎法定的紀念日是在2000年，其實那是運動失敗的日子（1900年），而義和團真正興盛是在1899年。近代中國發生許許多多的大事，要問哪一個對西方人影響最大，恐怕只能是「義和團運動」。至少在當時，由於鬧義和團並且攻打外國使館的緣故，中國真正成了西方大小媒體加上平頭百姓關注的焦點。據說世界著名的記者愛倫堡小時候，曾經在學校裡組織「義和團」，手掄皮帶到處嚇唬人。

一百年前的這個時候，整個中國的北方幾乎都處於一種狂迷的狀態之中，村村有拳壇，家家練神拳，京津的大街小巷，到處都是紅布包頭、手持大刀的義和團拳民，連小腳女人都練起了「紅燈照」和「黑燈照」（據說紅燈照是少女練的，而黑燈照是成年婦人練的），跟男人一樣拋頭露面。大家最熱中的事情就是燒教堂，殺教民和洋教士，一時間，大街小巷到處都是血腥味。義和團那個時候要算是天底下最威風的人，可以橫著膀子走路，碰著朝廷的紅頂子藍頂子官員，都叫他們下馬下轎一邊站著，看著不順眼，一把拉走就上神壇，三炷香一燒，如果黃表還升不起來，那麼這人的腦袋就可能要掉。

義和團能夠鬧起來，除了一些政治和社會因素外，恐怕最主

要的就是他們號稱「刀槍不入」的神術。如果不是信了神術，中央（西太后老佛爺）不會支持，老百姓也不會跟著起鬨，按現在的話來說，「刀槍不入」的神術，就是義和團的主打廣告。

這種神術，一來現代科學不支持，有「封建迷信」之嫌；二來它們在洋人的槍炮面前也沒頂事兒；三來也影響義和團的正面形象。所以在建國以來林林總總的研究著述中，這種在當時無所不在的神術竟然被避諱掉了。或者一筆帶過，甚至乾脆一句不提，史學「為賢者隱」的傳統功能在這裡發揮得淋漓盡致。

義和團的「刀槍不入」到底是怎麼回事？其實是中國自古已有之「民間法術」，在明清鎮壓造反者的官方檔案裡，不時地可以看到其有關記載，但是義和團的確將之「發揚光大」了。

歷史的原狀是不可能再現的，但是好在事情過去了才一百年，當時的資料還在，當事人的許多回憶也留了下來。現在探討起這個問題，還不算難。分析起來，當時義和團的「刀槍不入」其實至少有四種情況。

第一種是硬氣功的表演效應。中國武術中的確有號稱「鐵布衫」的功夫（如兼習童子功，又稱金鐘罩或者金鐘扣），這種功夫練起來非常繁難，每日要經過無數次的跌打磨鍊，比如從樁上向沙坑裡摔，用槓子和鐵錘遍身捶打，還要經過特殊的藥水浸泡，配合以運氣吐納，連晚上睡覺都要睡在堅硬的木板床上，什麼東西都不能墊。如果堅持練上三年到五年，功夫才可小成。

據武術界的人士說，練成這樣的功夫，只要有了準備，一般的冷兵器是可以抗一下的，但是火槍（即使是鳥銃）還是難以抵擋。義和團起於直魯地區，那裡是傳統的習武之鄉，義和團的大師兄二師兄們有幾個功夫高的實為應有之義，比如著名的拳首心誠和尚就是有史可查的「渾身氣工（功）」的武林好手。受西太

后派遣前去查看義和團「刀槍不入」真偽的剛毅和趙舒翹，曾被一位大師兄蒙了，估計他也有那麼兩下子。至於為什麼鳥銃打不透他的肚皮，也可能是在火藥上做了手腳。

　　第二種情況是貌似硬氣功的簡易法門。當時，幾乎滿地都是「刀槍不入」的義和團，真能練成「鐵布衫」功夫的又有幾人？絕大多數都是用偷工減料的速成法造就的高手。魯西南的大刀會與義和團的淵源，已經是不爭的事實。在義和團運動爆發前夕，徐州道阮祖棠曾經派人暗訪過大刀會。據他的報告，大刀會所謂的「金鐘罩」演練，「其習法時，貧者不受贄儀，有力者以京錢六千為贄，夜半跽而受業。燃燈焚香，取新汲井水供之。以白布畫符，其符字鄙俚不經，有周公祖、桃花仙、金罩鐵甲護金身等字樣。傳業者並不能書，或不識字，多遣人代書之。另授以咒，誦咒焚符，沖水令其跪飲，即於燈上吸氣，吹遍其體，復以磚、棍排擊之。誦咒之夜即能御刀，謂誦久火器亦不能傷矣。大致略似運氣之法，氣之所至，猛擊以刀可以不入，而稍一頓挫，則飲刃也」。

　　像這種夜半受業，燃燈焚香，供井水，念咒吞符等等煩瑣的儀式，實際上是為了營造一種神祕的氣氛，借「神力」以濟功力之窮，所以才有了念咒的當天就可以御刀的「神效」。實際上，這不過是傳業師傅的「貓膩」（北京土話，即不合常理的漏洞），即利用力學原理，手法得當，可使刀砍不傷，受業者其實並無真正的功夫。所以說，「稍一頓挫」，即改變受力角度，仍然會受傷。當然，真的練硬氣功的人據說也要念咒，但人家是以練為主，念咒主要起的是神祕其功夫、堅定受習者信念的作用，而這簡易功法則相反。

　　第三種情況實際上是第二種的延伸。在義和團運動最興盛的

時期，各地拳眾充分發揚了「群眾首創精神」，大大地簡化了儀式，並與巫師神漢的降神附體結合起來，一吞符念咒，立刻來神，刀槍向肚皮上招呼，好像什麼事也沒有。實際上，義和團的人在練功上法的時候，是進入了某種氣功態，有點武術底子，氣質和心理狀態如果又比較契合，人是很容易進入這種氣功態的。而且進入狀態之後，人往往會有超常的「能耐」，比如蹦得高、躥得遠等等，再加上師傅指導得法，手法得當，眼見得刀真的砍不進去。

到了這個時候，不由得人們不信是關張趙馬和孫悟空、豬八戒之類附了體，別人怎麼看另當別論，自己首先就信了自己「刀槍不入」。當然也有些人狀態不那麼好，據時人講，義和團拳民上法時，許多人都會像原始民族的巫師跳神一樣，口吐白沫，神志迷亂，但是也有所謂「明體者」，「神降之後，尚自知覺，不致昏迷也」。更有所謂「緣體者」，「謂與神有緣，不勞更請，但一頓足存想，其神即降也。」

實際上，後兩者的什麼「明體者」、「緣體者」，都屬於狀態不佳的，不操練則已，操練起來說不定就會出事，所以當時義和團各拳壇也常有「漏槍」、「漏刀」的紀錄，就是說在自家練習的時候，刀槍也會有「入」的可能。

義和團「刀槍不入」的最後一種情形，實際上是純然的江湖騙術，也可以說是一種魔術和戲法。義和團裡魚龍混雜，什麼人都有，江湖藝人自然也少不了往裡摻和，原本是用來抵御或者嚇唬洋人的「刀槍不入」法術，在他們這裡，就變成了表演魔術。

在義和團運動期間做縣令的鄒謂三，在《榆關紀事》中就記載了一次拳民在山海關的「魔術表演」。據他的記載，那場景還是相當轟動的：「當時街面紛傳，此係真正神團，眾民眼見，用

037

抬槍、洋槍裝藥填子，拳民等皆袒腹立於百步之外，任槍對擊，彈子及身，不惟不入，竟能如數接在手裡以示眾。眾皆稱奇，以為見所未見，奔壇求教者如歸市。」

這一場熱熱鬧鬧的表演，結果卻很掃興，偏有不捧場的高人當場拆穿了戲法，原來是開槍者預先暗將「香麵為丸，滾以鐵沙」充作槍子，開槍時，麵丸化為青煙，而受試者手中先藏有鐵丸彈子，這邊槍一響，那邊即以快捷的手法將預藏的彈丸亮出，佯作接住射來的槍彈。

應該說，這四種「刀槍不入」除了第一種有點功夫之外，剩下的幾近騙術。四種「神術」哪一種也不可能真的實現「刀槍不入」，面對已經進步到了後膛槍炮時代的洋人，根本一點用也沒有。可是當時舉國上下卻對此相信得一塌糊塗，甚至當洋人打進來了，義和團「刀槍不入」的法術在洋槍洋炮面前接二連三地失靈時，人們還是固執地相信真有「刀槍不入」那麼回事。

當時一位在華的英國人記錄了這樣一件事情，說他的中國僕人即使親眼見到了義和團高喊「刀槍不入」向前衝鋒，最後飲彈受傷斃命的過程，還依然堅持說這些人不是真的義和團，而真的義和團是真的可以「刀槍不入」的。

最為可笑的是，製造這種「神話」的人們，按理是明白他們的「法術」並不是真的，可是當整個社會從老佛爺（西太后）到山野村夫都真的相信「刀槍不入」時，反過來他們中的有些人倒有點糊塗了，或者說昏了頭，竟然真的相信自家可以「刀槍不入」。

在義和團運動高潮中，屢屢有義和團的師傅和大師兄、二師兄跑到有洋槍的清軍那裡，要求當場演示「刀槍不入」的功夫，硬是挺起肚子讓人家用洋槍往上打，不打還不行。當然，這些

「勇士」們個個都被當場打穿肚皮白白送了命。更有甚者，有人竟然廣出告示，並且大肆招搖，預定時間在集市上公開演示「刀槍不入」的法術，而且這種演示並不是騙人的招法，而是真槍實彈的真來。

結果是不言而喻的，在人頭攢動、眾目睽睽之下，好漢當場斃命。要不是自家玩的把戲弄昏了自己，何至於把人招來看自己丟命出醜？操縱迷信的人最後把自家也迷倒了，這種事情看來並不奇怪，至少在中國不奇怪。當一種病態行為在某種特定的情境下爆發性蔓延時，而且又不斷地得到一向受人尊敬的士大夫甚至朝廷的支持，其自身就會像瘟疫一樣具有極其強烈的傳染力，可能把每一個置身其中的人吞沒，甚至那些瘟疫的原創者。

為什麼那時的中國人會對一件原本子虛烏有的事情如此虔信，而且是舉國若狂的虔信，其實不能簡單地用中國人愚昧、落後和迷信來解釋，我們中國人畢竟還有以務實求驗很理性的另一面。子不語怪力亂神，老百姓也是耳聽為虛，眼見為實，平時信神信怪信巫術，大多是在病篤亂投醫、急來抱佛腳的時候。太平無事的世道，除了膽小害怕的老太婆，誰也想不起彼岸世界的神神怪怪。

「刀槍不入」的神話之所以如此流行，當然前提是中國老百姓畢竟是有相信神話的傳統。他們多多少少是信神的，無論是廟裡所供的泥胎，還是戲臺上古往今來的英雄好漢、神仙鬼怪，都對他們有莫大的影響力。他們也可能相信巫術，有病有災，當問醫求藥不靈的時候，他們會請巫婆神漢來跳神禳邪。更重要的是，一向有實際功效的氣功對他們也很有吸引力，而且氣功在經過和尚、道士以及民間教門的仲介傳播過程，已經與這些職業半職業的宗教家的「教義」和「法術」難分彼此。所以，當氣功和

039

硬氣功帶有「實效」性的面目，伴隨著神巫的氣息出現的時候，人們自然樂於相信了。

從某種意義上講，義和團真有點像是民間神祕文化的大集合，如其組織分八卦（乾字團、坎字團之類），連服色也跟九宮八卦有牽連；自稱「佛教義和神團」；練功上法則稱「安爐」；降神附體又是巫術，所附體的神靈卻又不是巫婆神漢們喜歡的狐仙魑怪，而是「大教」（老百姓將官方承認的佛、道兩教稱為大教）的正神，再加上些充滿神祕色彩的符、咒和乩語，經過這些雖然粗糙但卻有效的保護色的層層塗抹，沒辦法不讓老百姓沉迷其中而不能自拔。

儘管有著如此濃厚的神祕文化的基礎，但是如果沒有甲午戰後中國近乎絕望的情勢，也不會出現這種朝野皆狂的錯亂局面。從義和團身上，滿族王公和很大一部分士大夫，似乎看到了某種能夠可以抗衡西方力量的東西，從精神上的民心士氣，到靈界的「刀槍不入」。

這一部分士大夫其實是處於落後和先進之間的狀態，他們的態度，在很大程度上決定了中國的走向。此時的他們，對於「刀槍不入」其實是寧信其有不信其無。因為既然已經不願意或者說不能在維新變法中獲取抗衡西方的力量，他們所能依賴的，也只有這些「下九流」了。

他們實在是太想把洋人趕出去了，幾乎到了病急亂投醫的程度。中國人受洋人侵略，被洋人欺負，這是中國上層下層共同的感覺，沒有上層的摻和，老百姓當然也會鬧「刀槍不入」，但鬧到舉國若狂的分上，卻是不可能的。

事實上，在義和團之前和之後，「不安分」的農民都在玩這種把戲，前面有各種教門起義，後面有紅槍會和神兵，有點現代

史常識的都知道，紅槍會和神兵，喊著「刀槍不入」，抵抗過北洋軍閥、日本鬼子、國民黨。然而，士大夫的鼓勵，卻使得「安分」的老百姓加倍地如癡若狂，因為從骨子裡，老百姓還是相信那些「知書達理」的讀書人的。

在西方人當時的紀錄中，真正給他們的大兵造成損失和麻煩的，還是清朝掌握洋槍洋炮的正規軍。在起了部分作用的義和團的抵抗中，也依然是拳民們蒐羅來的洋槍，那些隨身的武藝和勇敢精神。「刀槍不入」的神術，除了在戰前起到宣傳表演、鼓舞人心的作用外，在戰時幾乎是一無用處，甚至還可能起反作用，讓人連應有的勇氣也喪失掉了。

舉一個例子來說，當時北京西什庫教堂只有幾十名洋兵，又沒有連發武器，幾萬義和團將它圍得裡三層外三層，攻了幾個月，就是攻不進去。如果在場的義和團真拿出點不怕死的勁頭來，一擁也就擁進去了，最多犧牲幾十位好漢罷了！

八國聯軍洋槍洋炮的轟擊，把義和團運動和它的「刀槍不入」一塊淹沒在了血泊裡。從此以後，至少士大夫最後一點抱殘守缺的傳統依戀被掃掉了，無論上層還是下層的士人，很少有人再會相信人的肚皮能抗住洋人的洋槍。

可悲的是，在安分的老百姓中竟然也開始流行恐洋病，以至於到了這種程度，20世紀20年代，流氓出身的軍閥張宗昌，招募了一群白俄兵，每次開戰，只要高大而且金髮藍眼的白俄雇傭兵展開衝鋒，對方就會作鳥獸散。

我們的歷史學家每每熱中於引用八國聯軍統帥瓦德西的那句說瓜分中國實屬下策的「名言」，來說明義和團的巨大功業。其實，在那個時候，西方人對中國人說了很多很多的話，其中最多的是悲憐中國人的愚昧。從那以後，一些傳教士們開始了一輪又

一輪在中國興辦教育的熱潮，其痕迹現在依然能夠看得見。

　　一百年過去了，國人畢竟聰明了許多，在今天儘管一干有「功夫」的人推陳出新，敢說能讓導彈改變軌跡，使物質改變分子結構，甚至把地球給毀了，但再也沒有人自稱可以「刀槍不入」了，更不用說「當眾演示」以身試法了。

大清皇帝為何接連絕後

高晃

光緒帝絕後。他之前同治帝絕後。他之後宣統帝也絕後。

光緒前朝皇帝載淳，十九週歲死去，身後沒有留下一男半女。認為皇帝死時皇后阿魯特氏已懷有龍種的，只是野史之說，信史未見確鑿材料。清代皇子、皇帝人多正式結婚前已有性生活，娶嫡福晉之前就生有了女的也有不少先例。同治於同治十一年（1872年）九月舉行大婚典禮，死於同治十三年（1875年）十二月，單從大婚之日算起，他與眾多的后妃宮女生活了兩年零三個月時間，居然沒有留下一點骨血，已屬不可思議。

光緒木人三十八週歲死去，身後竟然也沒有留下一男半女。這太不正常了！

光緒帝娶有一位皇后，另外有名分的妃子兩名，身邊還有成群的妙齡宮女。他於光緒十四年（1888年）十月大婚，至光緒二十四年（1898年）八月囚禁瀛台，近十年時間，雖然政治上難以伸展手腳，基本上是個傀儡皇帝，但性生活還是有較大自由度的，尤其與他寵愛的珍妃，婚姻生活堪稱甜美。

光緒帝被幽禁在瀛台期間，皇后葉赫那拉氏還是伴著他。光緒帝住涵元殿，皇后住在對面的香殿。葉赫那拉氏入主後宮幾十年，光緒帝對她幾乎沒有興趣，但也絕不是沒有碰過她半個指頭。史家說「承幸簿」很少留下光緒與皇后的性生活紀錄，「很少」不等於沒有，儘管極有可能這是皇帝受「親爸爸」所懼的逢

場作戲。不幸的是，皇后也未能為皇帝生下一男半女。雖然她為此想得心酸，想得發狂。

光緒和他的后妃們以及慈禧太后，都渴望得到龍子，或者得個鳳女也好，然而心都盼酸了，希望終於變成絕望。

愛新覺羅氏皇族悲哀連連。據史料記載，光緒繼位人宣統溥儀，活了六十一週歲，也是絕後。

接連三朝皇帝都沒有留下一男半女！是不是忘了記載？相信史學家們不至於疏忽到這等地步。「不孝有三，無後為大」，入主中原二百餘年，已被儒家文化浸透了的愛新覺羅氏皇族，必以皇帝有生育能力為榮。如果沒有長大成人的皇子，即使曾經有過夭折的兒子，哪怕有過夭折的女兒，史學家們都會不吝筆墨給予鄭重記檔的。皇帝有生育能力，這是至尊皇帝全部尊嚴的重要組成部分，史官膽敢將其疏忽，他有幾個腦袋？

同治—光緒—宣統，三朝皇帝個個絕後。人們不禁要問：愛新覺羅氏皇族到底怎麼啦？大清國到底怎麼啦？

對此，廣泛涉獵有關史書、傳記，未見研究結果。探討這三位皇帝為什麼沒有生育能力，雖然對研究清史，尤其對研究大清皇權統治具有重要價值，但難度顯然很大。主要是皇帝本身早就過世了，那個時代的御醫不敢探究此事，沒有留下直接的醫學資料，研究很難下手。於是，為何連續三位清帝都未生育，成為一團疑雲，浮懸於史海上空。

如果我們從現代醫學角度對其透視分析，依稀能看到相當重要的緣由。

可以說，清末三朝皇帝都未生兒育女，這與滿洲皇族的婚姻習俗可能有關。

按照滿洲皇族的婚配習俗，丈夫死後，允許妻子轉嫁丈夫的

弟弟，甚至可以轉嫁兒子或侄輩。這種原始的婚俗，是把女人當作一種財富和交配工具。清太祖努爾哈赤死前曾囑咐：俟我百年之後，我的諸幼子和大福晉交給大阿哥收養。大福晉是指努爾哈赤的嫡妻，大阿哥是指努爾哈赤的長子代善。

有人認為，努爾哈赤所說的「收養」，是指自己死後將嫡妻歸兒子代善所有。皇太極時代，莽古爾泰貝勒死後，他的眾多妻子分別分給侄子豪格和岳托；努爾哈赤第十子德格類貝勒死後，其眾多妻子中的一個被第十二子阿濟格納為妻妾。肅親王豪格是皇太極的長子，多爾袞是努爾哈赤的第十四子，是皇太極的親弟弟，論輩分多爾袞是豪格的親叔叔。但豪格娶的嫡妻博爾濟錦氏，是叔叔多爾袞一個妻子（元妃）的妹妹。侄子豪格死後，其嫡妻博爾濟錦氏在叔叔多爾袞逼迫之下，被多爾袞納為妻子。

大清國開國皇帝皇太極及其兒子順治的婚配，都是典型的近親婚配或亂倫婚配。建州女真的領頭人努爾哈赤，為統一女真各部落，娶蒙古科爾沁貝勒明安的女兒為側妃，開啟與蒙古部落聯姻之先河。後來，他的四個兒子都娶蒙古女子為妻。尤其是他的第八子皇太極，為了對付強大的明朝，積極推進滿蒙聯姻。

皇太極改國號為「大清」後，冊封的五宮后妃都來自蒙古博爾濟錦家族，其中三位漂亮的后妃論輩分乃是姑侄。先是姑姑博爾濟錦氏於明萬曆四十二年（1614年）嫁給時為貝勒的皇太極，後尊稱為孝端文皇后，生了三個女兒；接著，天命十年（1625年）春，她的年僅十三歲的侄女又嫁給當時仍為貝勒的皇太極，後被封為永福宮莊妃，生了順治福臨，還生了三個女兒，後被尊為孝莊文皇后；之後，天聰八年（1634年），她的另一個二十六歲的侄女，也就是莊妃的親姊姊，也嫁給了繼承汗位多年的皇太極，被封為宸妃，生過一個兩歲即夭的兒子。

　　有人統計，皇太極在位期間，滿洲貴族僅與蒙古科爾沁部聯姻就達十八次之多。皇太極之子順治與其父親一樣，也是近親婚配或亂倫婚配：孝莊文皇后的兩個侄女，都嫁給了順治，一個封為皇后（即孝惠皇后，後被廢降為靜妃），另一個封為淑惠妃。順治娶的這兩個妻子，是他同一個親舅舅的兩個女兒，都是他的表妹；後來，孝莊文皇后的一個侄孫女，又嫁給順治為妻，後被封為孝惠章皇后。這就是說，順治帝不僅娶了兩個表妹，還娶了表侄女為妻。而從蒙古科爾沁部首領莽古思的角度來講血緣倫理，他將女兒（孝端文皇后）嫁給了皇太極，又將兩個孫女（孝莊文皇后、宸妃）嫁給了皇太極，後又將兩個孫女（靜妃、淑惠妃）、一個曾孫女（孝惠章皇后）嫁給皇太極的兒子順治。

　　為了增進與強大的蒙古部落的聯盟，金國大汗、大清國皇帝、親王、貝勒等貴族不僅娶蒙古女子為妻，還把自己的女兒嫁給蒙古王公貴族。清國初創時期，大清國第一位皇帝皇太極，將長女至四女幾個十二、三歲以上的女兒，都嫁給蒙古各部落的王子王孫。其中，三女固倫端靖長公主、四女固倫雍穆長公主，嫁給孝端、孝莊兩位皇后的娘家子孫。其他幾個女兒在皇太極死後出嫁，多數也嫁給了蒙古王孫公子。至清政權入關中原後，加強與蒙古各部落的政治聯姻，仍為歷朝清帝奉行的基本國策。這裡邊，也存在著近親婚配甚至亂倫婚配。

　　清政權入關後，受中原倫理觀念影響，對皇室的近親婚配和亂倫婚配逐漸加以限制。康熙朝規定：閱選秀女時，秀女中屬後族近支或母族屬愛新覺羅的，應當予以聲明。嘉慶朝規定：挑選秀女時，屬皇后、皇貴妃、妃嬪親姊妹的，加恩不予挑選。規定歸規定，實際上近親婚配和亂倫婚配依然存在。順治娶一等侍衛佟國維的姊姊佟佳氏為妻，佟佳氏所生第三子即康熙玄燁，她後

被尊為孝康章皇后。後來，康熙娶佟國維的女兒為妻，就是孝懿仁皇后；孝懿仁皇后的一個妹妹也嫁給了康熙，後被尊為敦怡皇貴妃。這就是說，康熙娶了兩個同父表妹為妻。佟國維對於康熙來說，既是親舅舅，又是岳父大人。到了晚清，光緒同時娶原任侍郎長敘的兩個女兒他他拉氏為妻，姊妹倆分別被封為瑾嬪和珍嬪。此類現象還有不少，上述僅是其中兩例。

女真（滿族前身）初興時期僅三萬人，蒙古則有四十萬鐵騎。弱小的滿族要實現擴張雄心，奉行滿蒙聯姻，不失為高明之舉。金國大汗、大清皇帝、親王、貝勒等貴族娶蒙古女子為妻，又將自己的女兒嫁給蒙古王子王孫，其間摻雜著嚴重的近親婚配甚至亂倫婚配。如此相襲，親上加親，有的因姑侄同嫁一人，親到了扯不清倫理的地步。滿蒙聯姻的結果，帶來了滅亡明朝、入主中原的輝煌勝利，同時，近親和亂倫婚配，又伏下了滿洲皇族毀滅的因子。

縱觀清代皇帝，總體上越到後來生育能力越差，所生子女早夭比例越高。

開國皇帝皇太極（崇德），享年五十一週歲，史料可查的有名分的后妃十五位，僅以此十五位后妃為計算依據，她們和皇太極生了十一個兒子、十四個女兒。十一個兒子中長到十六歲以上的成人共七位，四人早夭；十四個女兒中十三位長到十六歲以上，只有一位十五歲死去，子女早夭的比例為20％。

第二位皇帝福臨（順治），患天花而死，終年二十四週歲還差一個月，可謂短命。他娶了有名分或生有子女的后妃共十八位，生育子女數量不少，共八個兒子、六個女兒。可能與其近親結婚和亂倫婚配有關，其中四個兒子早夭，六個女兒中超過十六歲的四人，但只有一個女兒出嫁，其餘都在未出嫁前就夭折了，

子女早夭比例為43％。

第三位皇帝玄燁（康熙），享年六十八週歲，據不完全統計，生前擁有后、妃、嬪五十五位，共生了三十五個兒子、二十個女兒。其中長大成人的兒子二十人，長到十六歲以上的女兒八人，子女早夭的比例為51％。

接下來幾位皇帝生育能力有所下降，但還不算太弱。第四位皇帝胤禛（雍正），享年五十六週歲，自稱「清心寡慾，自幼性情不好聲色。即位以後，宮人甚少」。據《清史稿》記載，他娶有后妃七人，共生了十個兒子、四個女兒。

第五位皇帝弘曆（乾隆），享年八十七週歲，生前冊立的后、妃、嬪共三十一位，生有十七個兒子、十個女兒。

第六位皇帝顒琰（嘉慶），享年五十九週歲，共有后、妃、嬪十四位，但只生了五個兒子、九個女兒。其中，長子只活了三個來月，未取名就死去；七個女兒未成年早殤，出嫁的皇三女和皇四女也很短命，分別於三十一歲和二十八歲時死去。兒女的早夭比例高達57％。

第七位皇帝旻寧（道光），享年六十七週歲，有名分的后妃二十位，共生了九個兒子、十個女兒，第二、三子在嬰兒時就死了，十個女兒中只有五個女兒長大成人，其中最長壽的一位僅活到三十四歲，另外四位均在二十出頭都相繼夭折，子女早夭比例高達37％。

論醫學條件，道光時代要比皇太極時代好得多，皇太極常帶著妻子和兒女浴血征戰，有時連性命都難保，根本談不上優越的生育條件和醫療保健。道光旻寧則是拉開架式當皇帝的，后妃的生育保健與兒女的醫療條件絕對天下一流，但與先祖開國皇帝皇太極相比，所生子女數量要少得多，子女早夭比例則要高得多。

　　第八位皇帝奕詝（咸豐），一生風流成性，有名分的后妃十九人，卻只生了兩個兒子、一個女兒，大兒子出生不久來不及取名就死了，女兒僅活到二十歲，倖存的兒子就是後來的同治。

　　咸豐的生育能力還不是最糟糕的，其後同治載淳、光緒載湉、宣統溥儀，接連三位皇帝均未生育子女。愛新覺羅皇族代表人物的生育能力，如同他們崇尚的武功那樣徹底廢了。

　　就光緒而言，由於當傀儡皇帝，政治抱負得不到施展，婚姻又非常不幸，一生「未嘗一日展容舒氣也」，身心受到嚴重摧殘。加之受祖輩近親婚配和亂倫婚配的影響，身體很差，患有遺精、頭痛、癆症、脊骨痛等多種疾病。尤其是長期所患的遺精病，是他喪失生育能力的重要原因。光緒三十三年（1907年），也就是光緒死前一年，他曾親自探究並寫下自己的病原：「遺精之病將二十年，前數年每月必發十數次，近數年每月不過二、三次，且有無夢不舉即自遺泄之時，冬天較甚。近數年遺泄較少者，並非漸癒，乃係腎經虧損太甚，無力發洩之故。」光緒生於同治十年（1871年）六月，寫病原時三十六週歲。

　　這就是說，他從十五、六歲青春發育期起就患了遺精之病，每月多達十幾次。三十歲出頭，便到了幾乎無精可泄的地步。患有如此要命的疾病，無論怎樣刻意播撒龍種也都是徒勞。光緒能將如此超級隱私寫出來是很有勇氣的。同治、宣統也都未生育龍子鳳女，是不是也有此類超級隱私呢？

　　封建時代，皇帝絕後不僅是皇族的不幸，也是整個國家的不幸，常常因此引發政治動盪。載漪、榮祿之輩，正是鑽了光緒絕後這個空子，才夥同慈禧太后立溥儀，廢光緒，惹起一大堆政治麻煩。

　　三朝皇帝連續絕後，大清國一派末世徵兆。就在這股子灰暗晦氣之中，曾經輝煌於世的封建王朝急遽走向衰敗。

清代奢靡的宮廷生活

溥 儀

有一位解放後長大的青年，讀《紅樓夢》大為驚奇，他不明白為什麼在賈母、王熙鳳這樣的人身後和周圍總有那麼一大群人。即使他們從這間屋走到隔壁那間屋去，也會有一窩蜂似的人跟在後面，他們不嫌這個尾巴礙事嗎？其實，《紅樓夢》裡的尾巴比宮裡的尾巴少多了。《紅樓夢》裡的排場猶如宮裡排場的縮影，這尾巴也頗相似，如果沒尾巴，都像是活不下去似的。

我每天到毓慶宮讀書，給太妃請安，遊一次御花園，後面全有一條尾巴。如果我去遊一次頤和園，不但要有幾十輛汽車組成這尾巴，還要請民國的員警們沿途警戒，一次要花去幾千塊大洋。到宮中的御花園去玩一次，要組成這樣的行列：最前面是一名敬事房的太監，他起的作用猶如汽車喇叭，嘴裡不時地發出「吃——吃——」的響聲，警告可能在前邊出現的人，早早迴避。在他後面二、三十步遠是兩名總管太監，靠路兩側鴨行鵝步地行進，再後十步左右即行列的中心（我或太后）。如果是坐轎，兩邊各有一名御前小太監扶著轎杆隨行，以便隨時照料應呼；如果是步行，就由他們攙扶而行，雖然腿腳其實無病。在這後面，有一名太監舉著一把大羅傘，傘後幾步，是一大群拿著各樣物件和徒手的太監。有捧馬紮以便隨時休息的，有捧衣服以便氣候或體溫變化隨時換用的，有拿著雨傘、旱傘的。在這些御前太監後面是御茶房太監，捧著裝有各樣點心茶食的若干食盒，當

然還有熱水壺、茶具等等。更後面是御藥房的太監，挑著擔子，內裝各類常備藥和急救藥，不可少的是燈心水、菊花水、蘆根水、竹葉水、竹茹水，夏天必有藿香正氣丸、六合定中丸、金衣祛暑丹、香糯丸、萬應錠、痧藥、避瘟散，不分四季都要有消食的三仙飲，等等。在最後面，是帶大小便器的太監。如果沒有坐轎，轎子就在最後面跟隨。轎子也按季節有暖轎、涼轎之分。暖轎是圍著灰鼠皮或貂皮的，涼轎轎壁是紗的。這個雜七夾八的好幾十人的尾巴，走起來倒也肅靜安詳，井然有序。

然而這個尾巴也常被我攪亂。我年歲小的時候，也還有好動的孩子性格，我高興起來撒腿便跑。起初他們還亦步亦趨地跟著跑一陣兒，我一停下來就又聚在我身後，喘吁不止。我大些以後，懂得了發號施令，便叫他們站一邊等著，於是除了御前小太監以外，那些捧盒挑擔的便到一邊靜立，等我跑夠了再重新貼在我後邊。後來我學會了騎自行車，下令把宮門的門檻一律鋸掉，這樣出入無阻地到處騎，尾巴自然更無法跟隨，只好暫時免掉。

但除此以外，每天凡到太妃處請安和去毓慶宮上學等等日常行動，仍然要有一定的尾巴跟隨，也並不覺得累贅。相反，假如身後這時沒有那個尾巴，倒會覺得不自然。明朝崇禎皇帝最後上煤山的時候，那個從小長在身後的尾巴只剩下了一個太監。衝著這一點，我想也夠他上吊的了。

每日排場耗費人力、物力、財力最大的莫過於吃飯。關於皇帝吃飯，另有一套術語，絕對不准別人說錯的。飯不叫飯而叫「膳」，吃飯就叫「進膳」，開飯叫「傳膳」，廚房叫「御膳房」。到了吃飯的時間——並無所謂固定時間，完全由皇帝自己決定，我吩咐一聲「傳膳！」跟前的御前小太監便照樣向守在養心殿的明殿上的「殿上太監」說一聲「傳膳！」殿上太監又把這

話傳給鵠立在養心門的太監，他再傳給候在西長街的御膳房太監……這樣一直傳進了御膳房裡面。回聲不等消失，一個猶如送嫁妝的行列已經走出了御膳房。

這是由幾十名穿戴齊整，套著白袖頭的太監們組成的隊伍，抬著膳桌，捧著繪有金龍的紅漆盒，浩浩蕩蕩地直奔養心殿而來。進到明殿裡，由小太監接過，在東暖閣擺好。菜餚是三桌，各種點心、米膳、粥品是三桌，另外各種鹹菜是一小桌。食具是明黃色刻龍並有萬壽無疆字樣的瓷器，冬天則是銀器，下托以盛有熱水的瓷罐。每個菜碟或菜碗都有一個銀牌，這是為了戒備下毒而設的。並且為了同樣原因，菜送來之前都要經過一個太監嘗過，這叫「嘗膳」。這些嘗過的東西擺好之後，在我入座之前，一個小太監叫一聲「打碗蓋！」其餘四、五個小太監便動手把每個菜上的銀蓋取下，放到一個大盒子裡拿走。於是，我就開始「用膳」了。

所謂食前方丈都是些什麼東西呢？隆裕太后每餐的菜肴有百樣左右，要用六張膳桌陳放，這是她從慈禧那兒繼承下來的排場。我的比她少，按例也有三十種上下。我現在只找到一份「宣統四年二月糙卷單」（即民國元年三月的一份菜單草稿），所記載的一次「早膳」的內容如下：口蘑肥雞、三鮮鴨子、五絲雞絲、燉肉、燉肚肺、肉片燉白菜、黃燜羊肉、羊肉燉菠菜、豆腐櫻桃肉、山藥爐肉、燉白菜、羊肉片氽小蘿蔔、鴨條溜海參、鴨丁溜葛仙米、燒茨菇、肉片燜玉蘭片、羊肉絲燜跑絲、炸春捲、黃韭菜炒肉、熏肘花、小肚、鹵煮、豆腐熏乾絲、烹掐菜、花椒油炒白菜絲、五香乾、祭神肉片湯、白煮塞勒、烹白肉。這些菜餚經過種種手續擺上來之後，除了表示排場之外，並無任何用處。我是向來不動它一下的。

御膳房為了能夠在一聲傳膳之下，迅速把菜肴擺在桌子上，半天或一天以前就把飯菜做好，煨在火上等候著，所以都早已過了火候。好在他們也知道歷代皇帝都不靠這個充饑，例如我每餐實際吃的是太后送的菜餚，太后死後由四位太妃接著送，每餐總有二十來樣，這是放在我面前的菜。御膳房做的都遠遠擺在一邊，不過做個樣子而已！太后或太妃們各自的膳房，那才是集中了高級廚師的地方。

太妃們為了表示對我的疼愛和關心，除了每餐送菜之外，還規定在我每餐之後，要有一名領班太監去稟報一次我的進膳情況。這其實也同樣是公式文章。不管我吃了什麼，領班太監到了太妃那裡雙膝跪倒，說的總是這一套：

「奴才稟老主子：萬歲爺進了一碗老米膳（或者白米膳），一個饅頭（或者一個燒餅）和一碗粥。進得香！」

這種吃法，一個月要花多少錢呢？我找到了一本《宣統二年九月初一至三十日內外膳房及各等處每日分例肉斤雞鴨清冊》，那上面記載如下：

> 皇上前分例菜肉二十二斤計三十日分例共六百六十斤
> 湯肉五斤共一百五十斤
> 豬油一斤共三十斤
> 肥雞二隻共六十隻
> 肥鴨三隻共九十隻
> 菜雞三隻共九十隻

下面還有太后和幾位貴妃的分例，為省目力，現在把它並成一個統計表（皆全月分例）如下：

后　妃　名	肉（斤）	雞（隻）	鴨（隻）
太　　　　后	一千八百六十	三十	三十
瑾　　貴　妃	二百八十五	七	七
瑜　皇　貴　妃	三百六十	十五	十五
皇　　貴　妃	三百六十	十五	十五
貴　　　　妃	二百八十五	七	七
合　　　　計	三千一百五十	七十四	七十四

　　我這一家六口，總計一個月要用三千九百六十斤肉，三百四十四隻雞鴨，其中我這五歲的孩子要用八百一十斤肉和二百四十隻雞鴨。此外，宮中每天還有大批為這六口之家效勞的軍機大臣、御前侍衛、師傅、翰林、畫畫的、勾字匠以及巫婆（稱「薩瑪太太」，每天要來祭神）等等，也各有分例，一共是豬肉一萬四千六百四十二斤。連我們六口之家自己用的共計用銀三千一百五十二兩四錢九分。「分例」之外，每日還要添菜，添的比分例還要多。這個月添的肉是三萬一千八百四十四斤，豬油八百一十四斤，雞鴨四千七百八十六隻，連什麼魚蝦蛋品，共用銀一萬一千六百四十一兩七錢，連分例一共是一萬四千七百九十四兩一錢九分。顯而易見，這些銀子除了貪污中飽之外，差不多全是為了表示帝王之尊的排場而糟蹋了。這還不算一年到頭不斷的點心、果品、糖食、飲料這些消耗。

　　衣著方面情形也相似。飯菜是大量的做而不吃，衣服則是大量的做而不穿。這方面我記得的不多，只知道后妃也有分例，皇帝卻毫無限制，而且全是一年到頭每天都在做衣服，做了些什麼，我也不知道，反正總是穿新的。我手頭有一份改用銀元以後的報帳單子，沒有記明年代，題為「十月初六日至十一月初五日

承做上用衣服用過物料覆實價目」，據這個單子所載，這一個月內給我做了：皮襖十一件，皮袍褂六件，皮緊身二件，棉衣褲和緊身三十件，不算正式工料，只算貼邊、兜布、子母扣和線這些小零碎，共開支了銀元二千一百三十七元六角三分三釐五毫。

在我結婚後的一本賬上，有后妃們每年使用衣料的定例，現在把它統計如下：

后　妃　名	皇　后	淑　妃	四位太妃	合　　計
各種緞（匹）	二十九	十五	九十二	一百三十六（匹）
各種綢（匹）	四十	二十一	一百零八	一百六十九（匹）
各種紗（匹）	十九	五	六十	八十四（匹）
各種綾（匹）	八	五	二十八	四十一（匹）
各種布（匹）	六十	三十	一百四十四	二百三十四（匹）
絨和線（斤）	十六	八	七十六	一百八十（斤）
棉花（斤）	四十	二十	一百二十	一百八十（斤）
金線（綹）	二十	十七	十六	一百零六（綹）
貂皮（張）	九十	三十	二百八十	四百（張）

我更換衣服，也有明文規定，由「四執事」負責，從「四執事庫」裡為我取換。單單一項平常穿的袍褂，一年要照單子更換二十八種，從正月十九的青白嵌皮袍褂換到十一月初一的貂皮褂。至於節日大典，服飾之複雜就更不用說了。

既然有這些勞民傷財、窮奢極侈的排場，就要有一套相應的機構和人馬。給皇帝管家的是內務府，它統轄著廣儲、都虞、掌禮、會計、慶豐、慎刑、營造等七個司（每個司各有一套庫房、作坊等等的單位，例如廣儲司有銀、皮、瓷、緞、衣、茶等六個庫）和宮內四十八處。

據宣統元年（1909年）秋季《爵秩全覽》所載，內務府官員共計一千零二十三人（自然不算禁衛軍、太監和蘇拉），民國初年曾減到六百多人，到我離開那裡，還有三百多人。機構之大，用人之多，一般人還可以想像，但其差使之無聊，就不大為人所知了。

舉個例子說，四十八處之一的「如意館」，是專門伺候皇帝后妃們畫畫寫字的，如果太后想畫個什麼東西，就有如意館的人員先給她描出稿子，然後由她著色題詞；寫大字匾額也是如此。什麼太后御筆或御製之寶，在清代大都是這樣產生的。

除了活排場之外，那些死的建築和宮殿陳設，從小給了我很深的影響。黃琉璃瓦唯有帝王才能使用，這不用說了，建築的高度也是帝王特有的。這讓我從小就確認，不但地面上的一切，所謂普天之下莫非王土，就連頭上的一塊天空也不屬於任何別人。每一件最好的藝術品或歷史文物，儘管陳設在那裡無人欣賞，都是加強我佔有一切的直觀教材。

在那些陳列品之間有一樣東西值得一提的，是「寸草為標」。據說這是康熙皇帝留下來的一種家規的象徵。這位皇帝曾經這樣規定：宮中的一切物件，哪怕是一寸草都不准丟失。為了讓這句話變成事實，他拿了幾根草放在宮中的案几上，叫人每天檢查一次，少了一根都不行，這就叫「寸草為標」。

我在宮裡十幾年間，這東西一直擺在養心殿裡，是一個景泰藍的小罐，裡面盛著三十六根一寸長的乾草棍。這堆小乾草棍兒曾引起我對那位祖先的無限崇敬，也曾引起我對辛亥革命無限的憤慨。但是我並沒想到，康熙留下的乾草棍雖然一根不曾短少，而康熙留下的長滿青草的土地被兒孫們送給「與國」的，卻要以成千方里計。

帝王生活的日常排場，一時難以說盡，所造成的浪費，更無法加以統計。所有這一切暴殄天物、浪費人工的舉動，目的都不外乎表示「天子自與凡人殊」。為了這樣的目的而立下的規矩，就把一切不自然的東西看成自然，而把自然的又看成不自然。

宮裡也有些規矩，並非完全出於擺排場，比如菜餚裡放銀牌和嘗膳制度，出門一次要興師動眾地布警戒，這本是為了防止暗害的。據說皇帝沒有廁所，就因為有一代皇帝外出入廁遇上了刺客。但是這些故事和那些排場給我的影響全是一樣：使我從任何方面都確認自己是尊貴的，是統治一切和佔有一切的人上之人。

皇帝婚前的性生活

向　斯

　　中國古代宮中男子的結婚年齡一般不超過18歲，大多數是在13歲至17歲之間。可是幾乎所有的皇帝、小皇帝、太子在正式結婚之前都已臨幸過女人，有著比較豐富的性經驗，有的甚至已經生兒育女。

　　西晉的癡愚皇帝晉惠帝司馬衷，在做太子的時候，13歲時結婚。在司馬衷結婚之前，他的父親晉武帝司馬炎派後宮才人謝玖前往東宮，以身教導太子，使太子知道男女房幃之事。謝玖離開太子的東宮時，已經懷孕。後來謝玖在別宮生下一個兒子。幾年以後，太子司馬衷在父母宮中見到一個孩子，晉武帝告訴他，這是他的兒子，他大為奇怪。同樣，北魏文成帝拓跋17歲結婚，但他13歲時剛步入青春期，便已臨幸宮女，14歲就做了父親。

　　清代宮中明文規定，皇帝在大婚之前，先由宮中精選8名年齡稍長、品貌端正的宮女供皇帝臨御。這8名宮女都有名分，從此成為宮中有身分的女子，每月有固定例銀，不再像其他的一般宮女從事勞役。因此，這份差使也一直為宮女們所企盼，希望借此脫離苦海，一步登天。這8名宮女的名分一般是冠以四個宮中女官的職務，即司儀、司門、司寢、司帳。清代宮中的這種規定，目的是使皇帝在婚前對於男女房事取得一些經驗，以便在和皇后的性生活中不致窘迫慌亂，能夠從容不迫。

　　皇帝在婚前和哪些女人發生性關係？這在中國的歷代宮廷

中，並沒有規定，也無法規定，完全看皇帝個人的興致。對於青春年少的小皇帝來說，性的問題是令他緊張的，還處於被開導而無禁忌的狀態。這種狀態下很容易被挑逗或產生衝動，也就很容易和身邊的女子發生性關係。太子住在東宮，行冠禮以後，便被視為成年。沒有皇帝的詔命，太子從此不許隨意出入後宮，以防和後宮嬪妃發生瓜葛。太子在東宮中則沒有顧忌，可以隨心所欲，可以任意猥褻任何一個侍女，也可以和她們之中的任何一個發生性關係。

從可能性上說，誰是讓小皇帝或太子獲得性體驗的第一個女人？這個女人是不是會成為皇后或嬪妃？這實在難以確切回答，只能說，宮中沒有名分的女人，誰都可能成為皇帝的第一個女人，被臨幸以後也一般都有相應的名號。但總體上說，最可能成為小皇帝或太子的第一個女人是他們身邊的宮女，有些時候則是他們的乳母。宮女和乳母在宮中都是女僕，是沒有名分的一類。宮女如果被臨幸和得寵，則會取得名分，從而改變其卑賤低下的地位。乳母能自由出入宮禁，即便被臨幸，但其乳母的名分永遠不會改變，也無法改變。人們無法接受當年乳養皇帝長大的乳母能成為皇帝的嬪妃，更不能接受其成為母儀天下的皇后。

從心理上說，唯我獨尊的皇帝對於他的第一個女人感情淺淡，不會持久，也不眷戀。這個女人令皇帝羞澀，會使皇帝想起初次性生活的緊張和怯弱。皇帝在她面前永遠不會輕鬆，因而自然而然地會避開她，轉向其他的美女。

明神宗朱翊鈞是明穆宗的第三個兒子。5歲時朱翊鈞即被立為太子，10歲時即皇帝位。17歲那年，朱翊鈞有一次路過慈寧宮，看見了宮女王氏，一時春心蕩漾，不能自制，便臨幸了她。王氏從此卻有了身孕。這樣重大的事情，隨駕的太監當然有紀

錄，日簿也有案可查，但衝動以後的朱翊鈞卻並不喜歡王氏，不再臨幸她，也不記掛。此事被慈聖太后得知，抱孫子心切的太后出頭照顧王氏，王氏在宮中順利地生下了一個兒子。有一次，太后興沖沖地告訴神宗，講述了這件事，但神宗對此反應淡漠，裝作沒有聽見。神宗既然冷淡，王氏冊封嬪妃當然無望，王氏所生的兒子同樣遭到無辜的冷落。

但歷史上，皇帝和他的第一個女人也有例外，如明憲宗朱見深和宮女萬氏。萬氏4歲時進入皇宮，成為一名宮女，最初在英宗的母親孫太后宮中服侍。英宗是憲宗朱見深的父親。萬氏進入青春期以後，日益嬌豔秀美，加上她聰明伶俐，善於察言觀色，侍奉太后體貼入微，所以極得孫太后的寵愛，成了孫太后的心腹和不離左右的「小答應」。

憲宗朱見深是英宗的長子，生於正統十二年（1447年）。兩年後，英宗在土木堡被俘，太后命將朱見深立為皇太子。代宗朱祁鈺即位，在景泰三年（1452年），立朱見深為沂王。英宗復位以後，又被立為皇太子，這年，朱見深18歲。

8年以後，英宗死去，朱見深即皇帝位，為明憲宗。早在憲宗做太子時，太后就派心腹宮女萬氏去服侍太子。萬氏比太子大18歲。太子就在這個和乳母年齡相仿的宮女萬氏的照顧下一天天長大，逐漸長成一個英俊少年。聰明絕頂的萬氏不知在何時何地用何種手段勾引了少年太子，兩人發生了性關係，太子從此不能自拔。太子依戀著萬氏，離不開萬氏，萬氏成了他生命的寄託。年輕的朱見深對於萬氏除了感情和性慾的需要以外，還有馴服和敬畏。

朱見深18歲即位，萬氏已經36歲。青春正盛的朱見深卻依舊寵愛已是中年婦人的萬氏。賜給她名號，以至做到了貴妃。萬貴

妃恃寵而驕，橫行宮中。她在後宮頤指氣使，以殘酷的手段使其他受孕的女子墮胎。宮中人人都懼怕她。老年以後的萬貴妃，憲宗對她依舊寵愛不衰。萬貴妃在58歲時，一次怒打宮女，因身體肥胖一口氣閉過去，從此再沒醒來。憲宗聞訊後肝腸寸斷，喟然仰天長歎：「萬貴妃去了，我還能活多久？」沒過幾個月，憲宗便在鬱悶愁苦中隨萬貴妃而去，終年40歲。

同是明代的皇帝，為什麼王氏和萬氏命運如此不同？兩人姿色相當，宮女的身分也一樣，從情理上推測，可能在於皇帝在性生活上的感覺，是快樂還是恐懼抑或是痛苦。王氏完全是被動的，她自己都少不更事，恐懼、緊張自不待言，更不用說能夠讓神宗輕鬆。萬氏則不同，她看著憲宗長大，對他的一切早就瞭若指掌。

萬氏又大憲宗18歲，相當於他的母親。萬氏的成熟風韻、從容不迫及長期培養的依戀和感情，自然會使憲宗在性的體驗中感到輕鬆自如，暢快無比。因此，王氏和她的兒子受到了冷落，而萬氏沒有子嗣卻照舊寵冠後宮，封為貴妃。

萬氏只是相當於憲宗的乳母，但是，歷史上也有過真正的乳母和皇帝發生性關係的史事，這便是明熹宗天啟皇帝和他的乳母客氏。從史料上看，乳母客氏和天啟皇帝有過性關係。客氏在明代的宮中是以淫亂馳名的，她怎會放過年輕的皇帝？她和天啟的關係，不同於一般乳母和養子的關係，從如下史料和分析中可以看出客氏和天啟關係的不同尋常，可以斷定是客氏最先勾引了弱冠的天啟皇帝，直到天啟皇帝23歲時死去，兩人一直關係曖昧。

首先，客氏乳養天啟，將他一天天養大。一般來說，皇帝在宮中長大以後，乳母的職責已經盡到了，皇帝不再需要與乳母朝夕相處，但客氏卻不同。史稱其每日清晨進入天啟寢宮的乾清宮

暖閣，伺候天啟，每至午夜以後方才回返自己的宮室咸安宮。如果說是乳母照顧皇帝，沒有這個必要，也是多此一舉。皇帝已經長大，宮中侍僕成群，還需要一個乳母幹什麼？如果說客氏是出於慈愛，像母親一樣，每天得看護著年輕的皇帝，守著他，心裡才安寧，那麼這又和下一個事實相矛盾——客氏後來和魏忠賢私通。有一天，她和魏忠賢在太液池歡飲，兩情繾綣，柔情似水，不遠處，上樹捕鳥的天啟這時忽然跌落，衣裳破裂，面部出血。客氏卻無動於衷，依舊和情郎魏忠賢嬉談笑謔。客氏在此時不管是乳母還是自詡為慈母，都是怠忽職守，顯然客氏都不是。

其次，客氏美豔妖冶，在天啟面前從來不以乳母自居，而是一個渴求受寵的活脫脫的女人。史稱客氏四十多歲時，面色依舊如二八麗人，而且打扮入時，其美豔和衣飾，和她的年齡、身分極不相稱。但客氏的美色和妖冶是有目共睹的，連年輕的宮女、嬪妃們也無法企及，一個個只能瞠目結舌。

據說，客氏為了保持美豔，使青春永駐，平時總是以年輕宮女的唾液梳理頭髮，以保持頭髮的烏黑光潤。秀髮如雲無疑平添風韻，更具女性的嫵媚多情。這樣的一個女子在皇帝面前展示風騷，朝夕侍從左右，已經不是乳母的身分。

再次，作為天啟的乳母，客氏爭風吃醋，竟先後害死了幾個曾被天啟臨幸過的嬪妃。其中最可憐的是張裕妃，被天啟臨幸後懷孕，臨產時客氏下令斷絕張裕妃的一切飲食，也不派人前去接生。結果，在一個狂風暴雨之夜，張裕妃饑渴難忍，拖著沉重的身體，匍匐著爬到屋簷下接雨水止渴，最後哭喊著在饑寒交迫中死去。除張裕妃以外，還有三位皇子、兩位皇女，均因客氏的加害，不幸夭折。至於皇帝臨幸過或剛剛懷孕的宮女，被客氏殘害的有多少，恐怕不在少數。這和歷代後宮中後妃爭寵殘殺有什麼

不同？如果客氏僅僅是皇帝的乳母，她完全可以借皇帝的光，稱霸鄉里，家族騰達，卻沒有必要攪亂後宮，對皇帝的后妃美人們恨之害之。

最後，客氏和魏朝、魏忠賢關係密切。客氏是一位性慾很強的女人。魏朝、魏忠賢是兩位宦官首領，他們可能在入宮之前，淨身做得不夠徹底，在床上還能對付一陣。客氏知道以後，先和宦官首領魏朝私通。後來，客氏得知魏忠賢血氣旺盛，性功能強於魏朝，客氏便毫不猶豫地投向魏忠賢。客氏的這一感情轉移，並不是悄悄進行，而是明目張膽，在宮中鬧得滿城風雨。客氏如此求歡於刑餘之人的宦官，對於青春年少又很眷約自己的皇帝，她怎會無動於衷？而且，史稱客氏常將稱為龍卵的動物陽具之類烹製後獻給天啟，為其大補陽氣。滋補的目的，當然應該是自己受用，而豈會是讓天啟多臨幸幾個嬪妃美人？多生兒女？再又奪之殺之？這些都是說不通的。只有在天啟和客氏有了兩性關係，才能說得清這一切。儘管如此，客氏還是沒能像萬貴妃那般幸運，有了名號，進入皇帝正式的嬪妃行列。

歷史上的太上皇現象

鳴 弓

太上皇，是皇權政治的特產。辭書的解釋是：皇帝的父親，也叫太上皇帝，簡稱上皇。不過，第一個被稱為太上皇的秦莊襄王，卻是死後由其子秦始皇追尊的。其後，漢高祖劉邦亦尊其父太公為太上皇。這兩個早期的太上皇，和後來的由皇帝而太上皇的那種情況，有所區別。

由皇帝而太上皇，用當代政治語彙來說，應該叫「退居二線」吧。檢索史籍，這類正牌太上皇有：晉惠帝司馬衷，十六國時代大涼天王呂光，北魏獻文帝拓跋弘，北齊武成帝高湛、後主高緯，北周宣帝宇文贇，隋煬帝楊廣，唐代高祖李淵、睿宗李旦、玄宗李隆基、順宗李誦、昭宗李曄，宋代徽宗趙佶、欽宗趙桓、高宗趙構、孝宗趙昚、光宗趙惇，西夏神宗李遵頊，西遼直魯古，明英宗朱祁鎮，清高宗弘曆。

皇帝寶座之極具誘惑力，堪稱可引無數英雄競折腰。坐上去誠然不易，而下來也非常之難，要麼病死於龍榻，要麼被另一個「英雄」用武力趕下臺。活著能讓出皇帝寶座——哪怕是讓給自己的兒子，畢竟很難得。權迷心竅如唐宣宗，大臣請他早建太子，他一聽此言，便滿臉不高興：「若早建太子，則朕遂為閒人。」真是視權力為命根子。皇帝老兒最怕「下崗」，那些禪位去做太上皇的，實乃形勢所迫，不得不爾。

大致說來，皇帝禪位而為太上皇，有以下幾種情形：

一、國事艱難，皇冠變為「愁帽」，甚者寶座搖搖欲墜，朝不保夕，於是主動摘愁帽、離危座。

高湛是北齊第四任皇帝，史稱武成帝，本性好玩，佞臣和士開公然勸他不必為政事勞心費神，當趁年輕及時行樂，「一日取樂，可敵千年！」此言正中高湛下懷。而當時的外部環境又很不利於高湛行樂：強敵北周聯合突厥屢次攻擊北齊，干戈不息，操勞國事，委實惱人。他於是臨陣撂挑子，傳位於太子高緯，自稱為太上皇，專務玩業大了。

高緯史稱後主，其玩性實在乃父之上。儘管此時北周愈益強大，志在吞齊，江南陳國亦隨時準備趁火打劫，高緯仍自編自彈自唱《無愁》之曲，因有「無愁天子」之稱。「無愁天子」愁更多，待周兵一路追殺過來，圍攻齊都鄴城，高緯全無演唱《無愁》曲的灑脫，愁眉緊蹙，計無所出，唯有自摘愁帽一招——皇冠讓給8歲的兒子高恒去戴，自己做太上皇吧。國難當頭，一推了之，大概只有「無愁天子」能想出這種「高招」。成年人扛不起的重擔，卻壓給一個兒童，這不是拿治國當兒戲嗎？事實上，高緯的太上皇只做了一個月，便當了俘虜，很快就被砍了腦袋。

唐睿宗李旦坐上龍椅，得力於太平公主和兒子李隆基二人。緣此，太平公主權傾內外，而李隆基則以功高被立為太子。太平公主與太子姑姪鬥法，矛盾日益突顯，朝臣亦分為對立兩派，雙方明爭暗鬥，不可開交。面對親人重臣之間的紛爭，睿宗亦莫知所從，深感煩惱。最後，他採納了一名道士「無為」的建言，迴避矛盾，一退了之，只當了兩年皇帝，便傳位於太子，自己做了太上皇。

唐玄宗皇帝位子坐了43年。前期，他勵精圖治，將唐王朝帶進「開元盛世」；後期，他耽於聲色，任用權奸，政治腐敗，終

致「天寶之亂」。叛軍攻陷京都屏障潼關，危急關頭，玄宗倉皇出逃，馬嵬兵變，愛妃不保。沿途百姓攔道挽留，玄宗不得已，乃令太子李亨留下，宣慰百姓。李亨接受大臣建議，為了安定人心，即帝位於靈武，是為唐肅宗。肅宗一面佈告天下，一面遣使上表，尊玄宗為太上皇。避難成都的李隆基，面對破碎山河和風雨如晦的政局，面對既成事實，也只好順水推舟，接受尊號，交出傳國璽。

國難當頭，皇帝難當。宋徽宗在強敵壓境的危難關頭，也選擇了退位交權。北宋末年，饑民造反，金兵緊逼，內外交困，政局岌岌可危。徽宗被迫下「罪己詔」，姿態可謂不低，然腐敗早已病入膏肓，此舉實在於事無補。惶惶不可終日的徽宗，避難卸責的唯一選擇便是讓位，把爛攤子甩給太子趙桓去收拾。

欽宗趙桓力圖刷新政治，扭轉頹勢，即位半年時間便將前朝寵臣貶殺殆盡，全然不給太上皇一點面子。其整頓力度夠大，手腕夠鐵了，怎奈國家之弊已無藥可醫，絕不是撤換幾個人所能療救。趙佶的太上皇美夢也迅速化成了噩夢，做了金人俘虜，戴著一頂侮辱性的「昏德公」帽子，屈辱地熬盡殘年，客死他鄉。其實，這完全是他自食其果，怪不得別人。

宋徽宗是由太上皇變俘虜的，而他的兒子欽宗卻是在俘虜營裡得到一頂「淵聖」冠的。建炎元年（1127年），宋高宗趙構即位後，遙尊在金國俘虜營裡接受改造的兄長欽宗為「孝慈淵聖皇帝」，拋出這種類似太上皇的榮譽稱號，不過是趙構的政治秀，對度日如年的昨日君王趙桓則毫無意義。

另有一個以俘虜身分被尊為太上皇，最後又由太上皇而皇帝，這個特殊的太上皇就是明英宗朱祁鎮。當時面對北方強敵，年輕的英宗聽信宦官王振的餿主意，御駕親征，結果做了瓦剌人

的俘虜。消息傳來，朝廷震驚，一片慌亂。危急之秋，大臣於謙等輔佐英宗之弟朱祁鈺登基，是為明景帝。這非常措施果然有效，穩定了政局，俘虜營中的英宗也得以被遙尊為太上皇。翌年，太上皇被瓦剌人送歸，景帝親迎，兄弟相擁而泣。接下來便是爭權奪利，兄弟相煎，英宗復辟，景帝失權，鬱悒而死。可見皇帝老官，倘非萬不得已，是絕對不願退居二線去當太上皇的，權力真是命根子啊！

與宋朝並存的黨項族政權西夏，其第八任皇帝西夏神宗李遵頊，在成吉思汗的鐵騎強弓面前，早已是驚弓之鳥，又與曾經的盟邦金國失和，雙方鏖戰達10年之久，兩敗俱傷後，又受到蒙古人更加猛烈的攻擊。國運如此艱難，李遵頊除了退居二線當太上皇，實在別無選擇。至於年輕的接班人李德旺到底能苦苦支撐幾日，他也就顧不了那麼多了。

二、受到武力脅迫，不得不稱太上皇。

晉惠帝司馬衷是有名的弱智皇帝，他上臺後，很快就爆發了「八王之亂」。趙王司馬倫於永寧元年（301年）正月徑直篡位，做了皇帝，改元建始，而將惠帝遷於金墉城，改城名為「永昌宮」。可能是考慮到這個白癡不會對他剛到手的皇位構成什麼威脅吧，司馬倫不但留下惠帝一條活命，還免費送了一頂「太上皇」的冠冕。倘論輩分，趙王是惠帝的叔祖父，看來辭書上謂太上皇是皇帝的父親，其實不完全妥當，並不能涵蓋所有的太上皇，譬如晉惠帝司馬衷。司馬倫的皇帝寶座還沒焐熱，就遭到皇族其他幾位王爺的聯合反對，經過兩個多月的血戰，雙方戰死近十萬人，司馬倫皇冠沒保住，腦袋也落了地。惠帝又被人擁上了皇帝位子，繼續當傀儡皇帝，而那幾位勞苦功高的王爺實際上充當著惠帝的「太上皇」，雖然他們無此名號。

隋朝末年，天下大亂，烽煙四起，群雄逐鹿。太原留守李淵起兵反隋，打出的卻是「志在尊隋」的旗號。其政治策略為：立隋煬帝之孫代王楊侑為帝，尊煬帝為太上皇。

大業十三年（617年）十一月，李淵攻下長安，即迎13歲的楊侑即皇帝位，改元義寧元年，遙尊在江都的煬帝為太上皇。李淵自己則謙遜地稱唐王。這一齣政治活劇，純粹是李淵一手導演的。隋煬帝遠在江南，自知末日來臨，在醉生夢死中等著別人來砍腦袋，皇冠上頭又擺了一頂「太上皇冠」，他也渾然不知。第二年三月，煬帝為部下所殺。消息傳來，李淵還假惺惺地哭了一場，而後逼楊侑禪位，他自己做了皇帝。

李淵掃滅群雄，建立唐朝，統一全國，次子李世民功勞最大。李世民功高震主，父子之間亦難免猜忌，而李世民與其兄太子建成、其弟元吉的權力之爭亦日趨尖銳，勢同水火，終於發生了玄武門之變。權力角鬥，你死我活，李世民率武士殺死建成、元吉，志在皇位，咄咄逼人，高祖只得立李世民為太子。僅僅過了兩個月，李淵便很識相地禪位於太子，自稱太上皇。其實，李世民早就掌握了兵權，高祖不讓位恐怕也由不得他了。

唐昭宗李曄是在宦官劉季述等擁戴下做的皇帝，光化三年（900年）十一月，劉季述以「廢昏立明」為由，發動宮廷政變，將昭宗及皇后鎖進少陽院，從牆穴傳送飲食。擁立太子李裕嗣位，尊昭宗為太上皇。這個「太上皇」其實與囚徒無異。被囚一個多月後，左神策軍指揮使孫德昭殺死了劉季述等，擁戴昭宗重新復位，詔令太子重回東宮。

耶律大石建立的西遼國，至第三代直魯古，亦被人強力奪取「大寶」後送上太上皇的帽子。此前，乃蠻部已為成吉思汗所滅，太陽汗之子屈出律（也有譯作古出魯克或曲書律的），亡命

投奔西遼。西遼與乃蠻一向友善，直魯古不但接納了屈出律，還把公主嫁給了他。由戰亂餘生的「亡國奴」一躍而為皇帝爺的乘龍快婿，按說屈出律應該感恩戴德到永遠了吧。然而並不如此，他見在位30年的岳翁倦勤好樂，不理政事，便聯絡花剌子模等藩屬發動叛亂。翁婿兵戎相見，武力「對話」，戰敗的直魯古只能聽任勝者的擺佈：投降，讓位，去當太上皇。沒取你項上人頭，就便宜你了，何況還有一頂太上皇冠，乖乖地戴著吧！

三、由於健康原因，委實不能視事。

十六國時代後涼建國者呂光。他原係前秦大將，率兵征西域，獲悉秦主苻堅被殺消息後，遂佔據河西，於孝武太元十四年（389年）即三河王位，國號大涼。7年後，又改稱天王。直到他病體難支時，才匆匆立太子呂紹為天王，自號太上皇帝。接班人剛安排好，這位太上皇就一命嗚呼。其屍骨未寒，他生前最擔心的骨肉相殘就迅速變為現實，導致國力遽衰。此係後話。

唐順宗李誦，中風失語，委實無法處理軍國大事，繼位僅八個月，便傳位於太子李純，做了太上皇。固然，退居二線將養身體是李誦的明智選擇，但如果人家不退，誰也拿他沒辦法。因為天下本來就是他家的私產。

宋光宗趙惇，十分懼內，皇后李氏妒悍跋扈，光宗因得心病不能履職，政事多取決於李后。至其父壽皇病歿，光宗因病竟不能執喪。朝臣請太皇太后下詔，傳位於太子趙擴，而尊光宗為太上皇。

四、已經厭倦了政務，欲求清閒。

北魏獻文帝拓跋弘算是一個典型。他12歲就繼承皇位，史書記載這位拓跋皇帝「聰睿夙成，剛毅有斷，而好黃老、浮屠之學，雅薄富貴，常有遺世之心。」才20歲左右，他就想離休，已

經讓舉朝上下驚愕不已。而他準備將帝位禪讓給叔叔子推，而不是自家年僅5歲的太子宏，就更加招來一片反對聲，有大臣甚至言稱要「刎頸殿廷」，誓死反對。他遂傳位於太子宏，改元延興。按群臣之意，皇帝幼沖，萬機大政，猶宜陛下總之，謹上尊號曰太上皇帝。看來，一旦上套就身不由己，想不當皇帝也難。除了拓跋弘這一個特例，這類太上皇大抵比較長壽，龍椅坐得過久，真的厭倦了政務嚮往清閒，於是一退了之。

宋高宗趙構當了36年皇帝後，實在厭了倦了，乃禪位於趙昚，是為孝宗。孝宗在位28年，亦厭勤退位，傳位於趙惇，是為光宗。光宗尊孝宗為壽皇聖帝——實際上就是太上皇。當然，南宋小王朝前期三個皇帝都主動禪位去做太上皇，實在是因為北有強敵虎視眈眈，動輒武力威脅，整日戰戰兢兢，那個皇帝可不好當。

清高宗弘曆，25歲繼位，整整做了60年皇帝，實在無心政事了，才禪位於太子，自稱太上皇。表面上，乾隆退居二線了，實際上，大政仍然由他決斷。

和乾隆式太上皇現象相類似的，還有代代相傳的太后垂簾聽政現象。家天下的制度，縱欲過度的皇帝往往早亡，加之太后們欲操國柄的強烈願望，導致了從嬰幼兒到小小少年做皇帝的現象屢見不鮮。幼童不諳世事，更不懂政治，太后聽政也就順理成章。聽政太后多多，其中最出名的當數武則天和慈禧那拉氏，這兩個女人比太上皇還太上皇，武則天更是按捺不住權利欲望，從幕後公然走向前臺，「親自」廢了兩個皇帝（唐中宗、唐睿宗），自己直接做了皇帝，實現了「武周革命」。

五、為了縱欲享樂去當太上皇。

完成統一北方大業並奠定吞併江南基礎的北周武帝宇文邕，

以36歲之盛年辭世，年輕的太子宇文贇即位，是為宣帝。這個宇文皇帝，每日沉湎聲色，以淫樂為務，父皇剛辭世，他不但面無哀傷，反倒喜形於色，色迷迷一雙蒙醉眼，挑出後宮美女，盡情享用起來。為了一心一意享樂，只做了一年皇帝，青年宇文贇就效法北齊「無愁天子」後主高緯，也把皇帝的擔子交給幼兒太子宇文闡，自稱天元皇帝，也就是太上皇。宇文贇似乎對天情有獨鐘，平時喜戴天元冠，所居稱天臺，捶人刑杖亦曰「天杖」，最後暴卒於天德殿，時年二十有二。

　　了解太上皇現象，對於認識封建獨裁政治不無裨益。辛亥革命後，獨裁的皇權政治和太上皇思想，則成了廣大百姓民眾所唾棄的對象。

太監祕史

于雲瀚

　　宦官原本泛指宮中的侍奉之官，自秦漢之後，才逐漸成為被閹割後在皇宮中為帝王及后妃服務的男人的專稱。作為閹人，他們具有不同於常人的生理特徵；作為宦官，他們又具有不同於普通官員的特殊身分。而且，他們長年生活在高牆圍起的皇宮之內，終日侍奉著奄有四海且神祕莫測的皇帝，並與宮禁之外的民間世俗生活處於一定程度上的隔絕狀態。這一切，使宦官成為中國古代宮廷中最神祕、最奇異的人群。

　　正因其具有神祕性，人們才會對宦官形成不同的認識。這首先表現在史籍及世俗用語對宦官的眾多稱謂上。粗略統計一下，中國歷代關於宦官的稱謂竟達數十種之多，這在古代職官稱謂中幾乎是絕無僅有的。如此眾多的稱謂，大致可被分為兩大類——

　　（一）是以其生理特徵而稱。

　　從生理上說，宦官是被閹割的男人，因而就有閹人、奄人、腐人、腐夫等稱謂。男子去勢曰閹，故有「閹人」之稱。閹本作奄，《周禮‧天官塚宰》鄭氏注曰：「奄，精氣閉藏者，今謂之宦人。」後因奄人多承擔看守宮門之類的職役，故「奄」加「門」而為「閹」字。所以《說文解字》云：「閹，門豎也。宮中奄昏閉門者。」

　　「腐人」是由腐刑而得名的，也可稱為「腐夫」。腐刑是古人對宮刑的另一種稱呼。對於「腐」字，古人有兩種解釋：一是

指人在宮刑後身體腐臭不堪，所謂「宮刑，其創腐臭，故曰腐也。」二是指腐木不生實，所謂「腐，宮刑也。丈夫割勢，不能復生子，如腐木不生實。」事實上，由於受宮刑後性器被閹割，泌尿系統致殘，宦官們遇到驚嚇便會身不由己地尿褲子，因而他們身上常常腥臭熏人。

（二）是以其常任職役而稱。

從常任職役說，宦官是宮廷中專供使令的近侍小臣或僕役，其職役相當複雜瑣碎，因而這類稱謂也最多。常見於史載的，如有寺人、宦官、太監、黃門、司宮、中官、中人、中使、中貴、中涓、內官、內臣、內侍、內監等等。

「寺人」是宦官的早期稱謂。曾有人望文生義地認為寺人之得名，是因閹割後的男人，已如寺院中斬斷情緣的苦行僧一般，故而以「寺」名之。其實，寺人的稱謂早在西周時代即已出現，當時中國境內尚無佛教，更無僧人，因而也不可能存在兩者類比得名的情形。究其根由，古代「寺」、「侍」兩字相通，《詩經‧秦風》鄭氏箋云：「寺，又音侍，本亦作侍字。」所以，寺人是因其內廷侍奉的職掌而得名的，「云寺之言侍者，欲取親近侍御之義，此奄人也。」

「宦官」又作宦者、宦人，是古代官方文書中對宮廷閹臣的正規稱謂，歷代正史為閹人作傳，多稱「宦官傳」或「宦者傳」。從「宦」的字義分析，本應包括臣隸及仕官在內，通常人們所言宦海、宦途、宦游，其實仍舊是以「官」而言的。宦官或宦者成為宮中閹人的專稱，大約是秦漢之後的事。

以「太監」作為宮中閹人的通稱，是明清時代的事情。太監本是古代職官的名稱，晚至唐宋時期，朝廷中仍有太監官職的設置，所任者並非都是閹人。明代在宮廷中設置了由宦官所領的二

十四衙門，各設掌印太監，是宮廷中的上層宦官。此後，太監逐漸成為宮中閹人帶有尊敬色彩的通稱。

人們還由漢代宮廷閹宦的官服以貂尾和「璫」為冠首飾物，而將宦官稱為貂。據《漢官儀》云：「中常侍，秦官也。漢興，或用士人，銀左貂。光武以後，專用宦者，右貂金。」漢宮侍中、中常侍，加黃金附蟬，貂尾為飾。侍中作為朝廷的普通官員多插左貂，由宦官擔任的中常侍則插右貂，用赤黑色貂尾。從中也可看出，宮中宦者的服飾與普通官員是略有區別的。

除了上述兩大類外，還有以其生理特徵與常任職役組合而稱的情形。這類稱呼也很多，如有宦寺、閹寺、閹宦、宮監、貂寺、內璫等等。再是帶有明顯感情色彩的稱謂，如鄙稱有宦豎、閹豎、內豎以及閹狗等，尊稱有公公、老爺等。

而宮廷中的宦官彼此之間一般都以「爺」互稱，姓張稱張爺，姓李稱李爺。遇到輩分比自己高的宦官應稱「師父」，對外人則通常自我謙稱為「刑餘之人」。據晚清宮廷中的太監池煥卿等回憶：「太監們不喜歡人們把他們直稱作太監，如果你把他們叫做老公，那簡直是罵他們八輩祖宗。」由此可見，在太監們的內心深處，還是希望人們能像普通人那樣的稱其為「爺」。

既然宦官都是慘遭閹割之人，那麼，閹割術的出現則必然成為宦官賴以產生的基本前提之一。

在古代中國，閹割術的淵源是相當久遠的。有證據表明，至遲在殷商時代就有了閹割男性生殖器的意識與行為。殷商甲骨文中有相關的文字，字形結構一半象形為男性生殖器，另一半從刀，其字義甚明。若進一步從字形分析，當時的閹割術可能是將陰莖與睪丸一併割除的，具體方法已難以詳考。

秦漢時期的閹割技術已較為完備，並已經注意到閹割手術後

的防風、保暖、靜養等護理措施。當時施行閹割的場所稱為「蠶室」。《漢書·張安世傳》顏師古注曰：「凡養蠶者，欲其溫而早成，故為密室蓄火以置之。新腐刑亦有中風之患，須入密室乃得以全，因呼為蠶室耳。」大致相同的解釋見於《後漢書·光武帝紀》李賢注，所謂「宮刑者畏風，須暖，作窨室蓄火如蠶室，因以名焉。」

古代的閹割方式大致有兩種——

（一）是「盡去其勢」，即用金屬利刃之類的器具將男性生殖器完全割除。《舊唐書·安祿山傳》中曾記載一則閹割實例：

豬兒出契丹部落，十數歲事（安）祿山，甚黠慧。祿山持刃盡去其勢，血流數升，欲死。祿山以灰火傅之，盡日而蘇。

由此可以看出，閹割過程是相當殘酷的，被閹割者會因失血過多或過於疼痛而長時間昏迷，止血消炎的措施也非常簡單，只是「以灰火傅之」。

（二）是用利刃割開陰囊，剝出睪丸。用這一方法進行閹割顯然並不需要完全割除生殖器官，但同樣可以達到目的。洪邁所著《夷堅志》卷八對這一方法有所記載。另據記載，古代還有所謂的「繩繫法」與「揉捏法」。前者是在男童幼小時，用一根麻繩從生殖器的睪丸根部繫死，既不影響溺尿，卻阻礙了生殖器的正常發育。久而久之，男童的生殖器便會失去功能。後者是在男童幼小時，由深諳此道之人每天輕輕揉捏其睪丸，漸漸適應後，再加大手勁，直至將睪丸捏碎。然而，專將睪丸割去或捏碎，如果是業已發育之人，儘管能夠完全避免授精，但其性慾及淫亂宮廷的能力在一定時期內會依然存在，甚至有的人反會因此而更加強勁耐久。所以，古代的宦官都是採用「盡去其勢」之法，將生

殖器全部割除。

在古代相對落後的醫療技術條件下，閹割手術的死亡率是相當高的。明代天順年間，鎮守湖廣貴州的太監阮讓，一次精選虜獲的苗族幼童1565人，將他們統統閹割，準備悉數送呈朝廷。但由於手術過於殘酷及醫療技術條件太差，在閹割幼童到奏聞朝廷這短短的時間內，幼童疼死、病死者竟達329人。後來，阮讓又重新買了一批幼童加以閹割，以補上死亡之數，送呈朝廷。阮讓前後共計閹割幼童1894人，死亡率接近20％。如此集中而大量的死亡，顯然同閹割手術失敗或手術後的併發症有關。

歷代古籍對閹割手術的具體情形大致上都記載得很簡略。清朝末年，一些來到中國的歐洲人對迥異於西方的中國宮廷文化產生了濃厚的興趣，並較為詳細地描述了當時的閹割手術情形。但這些描述多為道聽塗說，遠不及清末宮廷宦官以切身經歷為基礎的回憶來得詳細，其可靠性也值得懷疑。

據清末宦官回憶，北京城有兩個赫赫有名的閹割世家，號稱「廠子」。一是南長街會計司胡同的畢家，另一是地安門外方磚胡同的「小刀劉」。主持其事者都是得到朝廷認可的家族世傳，六品頂戴，稱「刀子匠」。據說兩家各有絕招，但技藝絕不外露，只是父子相傳。

淨身需要選好季節，最好在春末夏初，氣溫不高不低，沒有蒼蠅蚊子，因為手術後約一個月，下身不能穿衣服。淨身者在手術前都須履行必要的手續，其中關鍵是訂立生死文書，並須請上三老四少作為證明人，寫明係自願淨身，生死不論，免得將來出麻煩吃官司。費用自然是要收取的，但淨身者多來自貧困之家，一時或許拿不出很多銀子，因而可以待其進宮發迹後再逐年繳納。這些也需要在文書上寫明白。但有兩樣東西是必須帶著的，

一是送給刀子匠的禮物，一般是一個豬頭或一隻雞，外加一瓶酒。二是手術所用的物品，包括三十斤米、幾簍玉米棒、幾擔芝麻秸及半刀窗戶紙。其中，米是淨身者一個月的口糧，玉米棒燒炕保暖用，芝麻秸燒成灰後用來墊炕，窗戶紙則用來糊窗子，以免手術後受風。刀子匠要準備兩個新鮮的豬苦膽、臭大麻湯和麥稈。豬苦膽有消腫止痛的作用，手術後敷在傷口處；臭大麻湯的功用很多，手術前喝一碗起麻醉作用，手術後再喝，讓手術者瀉肚，以減輕小便的排泄量，保證手術成功；麥稈的功用不言自明，即于術後插入尿道。

手術過程中，除了主刀者外，一般還需三四名助手。被閹割者都須採用半臥姿勢仰躺在床位上，幾位助手將他的下腹及雙股上部用白布紮緊、固定，然後有人負責按住其腰腹部，另外的人則用「熱胡椒湯」清洗閹割部位，加以消毒。用於閹割的手術刀是一種呈鐮狀彎曲的利刃，據說是用金與銅的合金製成，可防止手術後感染，但使用時通常並沒有特別的消毒措施，在火上烤一下，便算是消毒了。這一切完成後，主刀者即用鐮狀彎曲的利刃，對被閹割者的陰莖連同陰囊進行切除，通常分兩步：

第一步是割睪丸。在陰囊左右各橫割一個深口子，把筋絡割斷以便把睪丸擠出來。這需要閹割者身子打挺，小肚子使勁往外鼓。待用全身的力氣把睪丸擠出來，刀子匠會把片好的豬苦膽貼到陰囊左右兩邊。

第二步是割陰莖。這需要相當高的技術，割淺了會留有餘勢，將來裡面的脆骨會往外鼓出，就必須再挨第二刀，即宮裡俗稱的「刷茬」；如果割深了，將來痊癒後會往裡塌陷，形成坑狀，解小便時呈扇面狀，一輩子不方便。宮裡的太監十個有九個都有尿褲的毛病，這就是閹割的後遺症。陰莖割除後，要插上一

根大麥稈，然後把另一個豬苦膽劈開，呈蝶翅狀，敷在創口上。據說也有人的是用栓狀白蠟針插入尿道，並用冷水浸濕的紙張，將傷口覆蓋包紮。這大概是淨身場所不同而出現的技術性差異。

被閹割者在手術後必須由人架持攙扶著在室內遛二至三個小時，然後方可橫臥休息。手術之後的三天，是被閹割者最難熬的時光。在這三天裡，他們躺在特製的門板上，雙手、雙腿都被牢牢捆住，根本不能動，目的主要是避免觸摸創口，以免感染。門板中間還留有帶活板的小洞口，大小便時用。當時也沒有太好的止痛消炎手段，為了避免傷口感染，要嚴禁飲水，可謂是痛苦異常。待三天後白蠟針或麥稈拔除，尿液能夠排出，手術即告成功。然而苦難並沒有過去，最重要的是抻腿，每抻一次都痛得心肝碎裂、渾身發顫，但這對閹割者來說是必須的，否則可能導致腰脊佝僂，一生都不能伸直，所以只能忍受這種劇痛。此後的調養期仍須百日左右。

每一個被閹割的男人，都毫無例外地經歷過一番慘痛的折磨。這一過程是如此的殘酷，如此的痛苦，以至於那些慘遭閹割者終其一生都對此記憶猶新。清末太監馬德清曾在晚年回憶道：

> 那年頭，沒有麻藥，沒有什麼注射針、止血藥那一類東西……硬把一個活蹦亂跳的孩子按在那兒，把他要命的器官從他身上割下去，那孩子該多麼疼啊！一根根脈通著心，心疼得簡直要從嘴裡跳出來了……手術後，要在尿道上安上一個管子，不然，肉芽長死了，尿就撒不出來啦，還得動第二次手術。我後來聽懂得這個道道的人講，割掉那個玩意兒以後，不能讓傷口很快結疤……所以要常常換藥。說實在的，哪裡是藥呢，不過是塗著白蠟、香油、花椒粉的棉紙兒。每

一次換藥，都把人疼得死去活來。

　　我記得，那個時候，我整天躺在土炕上……脊梁骨像斷了一樣，想翻一下身，可是哪敢動一動呢。就是略微欠一下身子，傷口也牽著心疼呢！大、小便就這樣躺著拉、尿。屁股下面墊著灰土，灰上天天換，也是濕漉漉的。

　　被切下的陽具，稱為「寶」，而在通常情況下，刀子匠會把這東西像「寶」一樣地藏起來，被淨身者反而無權要回。經過刀子匠的加工之後，「寶」一般會放入「升」中，用大紅布包好，小心地放置在室內高處，稱「高升」，取升至高位之意，藉以預祝淨身者將來走鴻運，步步高升。等到將來淨身者發跡了，贖回自己的「寶」，刀子匠就可以乘機量財索討。贖回自己的身上物，閹者稱為「骨肉還家」。

　　這在他們來說，是一生中最大的喜事，儀式非常隆重，就如同迎親一般。也有由淨身者的家人自己保存的情形。過去鄉間貧苦人家，高處莫過於房樑，因而多將之垂吊於樑上，每過一年升高一截，以祝願孩子能夠在宮裡「步步高升」。

　　保存「寶」的原因大致有三：一是為了做宦官後升級時查驗，以證明閹者身分，即通常所說的「驗寶」；二是將來宦官死後，要將「寶」放進棺木裡一起埋葬，因為宦官們希望自己到另一個世界或轉胎之時能恢復男人的本色；三是中國傳統中有身體髮膚受之父母的觀念，宦官作為刑餘之人已屬不孝，不能傳宗接代更屬不孝之大者，所以將「寶」加以保存，死後隨棺而葬，也是一種心理的補償。

　　需要特別指出的是，儘管閹割是成為宦官的必要前提，但並不是每一個被閹割的人都能夠順利地進入宮廷。對於宦官，歷朝

歷代都有嚴格的選用制度與程序。不過，無論進入宮廷與否，受閹之人自此就開始了另外一種完全不同的人生。也正因為如此，他們普遍認為，人生的一切苦樂都是從受閹之日開始的，而受閹之日就成為其新的誕辰日，日後算命也是依據受閹之日的天干地支。

閹割術的存在無疑為宦官的產生，提供了物質技術方面的前提，而閹割術的長盛不廢，則是與宮刑及宦官制度的長期延續相輔相成的。

宮刑作為一種刑罰方式，大約出現於夏商時期。在奴隸制時代的所謂「五刑」之中，它是僅次於死刑的懲罰方式，所懲治的對象起初主要是男女之間的淫罪。宮刑是基於維護夫權制婚姻制度的需要而出現的，並為適應最高統治者力圖維護其家族血緣關係的純正性需要而逐步完善。

伴隨著君主專制制度的不斷鞏固，皇宮禁苑之內三宮六院七十二嬪妃，外加三千粉黛，真可謂是美女如雲的花花世界。讓那些年輕貌美、儀態萬千的美人幹粗活，未免大殺風景，如果讓男女混雜其間，又難免會出現一些讓皇帝頭痛之事。於是被閹割的宦官大量進入宮廷，宮刑的施行範圍也漸漸擴大到淫罪之外的各類罪犯。西漢景帝時規定：「死罪欲腐者許之。」即允許以宮刑代替死刑。由此，宮刑的性質由單純的淫罪之刑，逐漸演變為減死之刑與免死之刑。

這種變化一方面大大擴充了宮刑閹割對象的來源，另一方面也改變了早期宦官皆由罪犯充任的局面，進而對宦官隊伍的人員構成產生了重大影響。在中國歷史上赫赫有名的司馬遷因替罪臣李陵辯護，依律罪當斬首，後以受宮刑免死。

古代宮刑的對象也往往並不限於罪犯本人。死刑重犯，尤其

是所謂「大逆不道」的滅族重罪，通常會牽連到子孫。此類宮刑的目的是為了使死刑罪犯斷子絕孫，其性質乃是一種間接的「滅族」。明代有名的大太監懷恩就是因叔父犯罪，家族受到牽連，被處以宮刑而入宮為宦官的。清代道光十三年（1833年）曾頒發律令：「嗣後逆案律應擬凌遲之犯，其子孫訊明實係不知謀逆情事者，無論已未成丁，均照乾隆五十四年之例，解交內務府閹割。」其年在十歲以下暫時監禁，「年屆十一歲時，解交內務府照例辦理。」可見，遲至明、清時代，仍有將凌遲罪犯子孫閹割為奴的慣例。

　　古代的宮刑既是一種刑罰方式，那麼其執行自然有專門的機構施掌。史載，戰國時期的秦國有所謂的「主腐者吏」；漢代「少府若盧獄有蠶室」，此即專門施行宮刑的場所。五代十國時期的南漢朝廷中，有許多專掌宮刑的「閹工」。

　　北宋攻滅南漢時，曾斬殺閹工五百餘人。清代掌管閹割事務的官府機構，是內務府下屬的慎刑司。值得特別提及的是，明、清時期的北京，還曾出現過承包官府閹割事務的民間機構。

　　宮刑是一種極其殘酷的刑罰，這不僅體現在宮刑過程中的無比痛苦，更在於對遭刑者生理及人格的戕害。宮刑所獨具的殘酷性，很早便引起了人們的非議，歷史上的許多統治者迫於眾議也曾數次下令廢除宮刑。

　　早在西漢前期，漢文帝即曾下旨稱：「夫刑至斷肢體，刻肌膚，終生不息，何其刑之痛而不德也！豈稱為民父母之意哉？其除肉（宮）刑，有以易之，具為令。」南北朝時期的北魏政權曾恢復宮刑的法律地位，規定：「大逆不道腰斬，誅其同籍，年十四歲以下腐刑，女子沒縣官。」至隋朝初年，隋文帝更定新律，規定刑名為死、流、徒、杖、笞五類。包括宮刑在內的其他一些

肉刑處罰被正式廢除。隋朝之後，儘管在司法實踐中確實仍有宮刑的事例不斷出現，但歷朝的正式刑罰制度中已罕見宮刑之名。

宮刑自隋朝明令廢除後，儘管宮刑閹割並未禁絕，畢竟成為司法實踐中的例外，宮內所需宦官從來源到數量都難以保證。然而，歷代宮廷之中又確實需要眾多擔負各種差役的宦官，宮刑之外的其他方式因而隨之出現。

方式之一，是強行閹割戰俘或宮中優伶。

隋代廢除宮刑之後，罪犯所占宦官的比例越來越小。為擴大宦官來源，歷代皆有將戰俘強行閹割，然後移送宮廷充役的情形發生。據《資治通鑒》記載，隋代曾「捕山獠充宦者」。此類情況在明朝更為多見。明英宗時期，鎮守湖廣貴州的太監阮讓率軍征伐東苗，竟將俘獲的東苗童稚1565人統統強行閹割。英宗得報後，非常憤怒，下旨斥責阮讓，覺得這個數目太驚人，會驚擾地方。阮讓對皇上辯解道：「用兵誅叛，翦其逆種也。」就是說，他這樣做的目的是要給予叛亂者以毀滅性懲罰，以防止他們再度叛亂。

另外，古代宮廷中的優伶、禁軍中的兵卒或朝廷官員的隨從，因被皇上相中而被強行閹為內官的也不乏其人。唐太宗時，宮廷優伶中有一個叫羅黑的人，因善彈琵琶而被相中，遂遭閹割，並專在宮中教人彈奏。明代一個名叫王敏的軍卒，因擅長蹴鞠而被明宣宗相中。王敏隨即被強行閹割，成為隨侍左右的內侍，在宮內專陪皇上蹴鞠。

方式之二，是擄掠或販賣偏遠地區幼童進行閹割。

擄掠或販賣邊夷幼童加以閹割，至晚從隋朝以後便成為宮中宦官的重要來源之一。自隋、唐而至明、清，之所以會有許許多多的宦官來自嶺南、閩中，其中緣由正在於此。唐朝時期的嶺

南、閩中不過是一片貧瘠之地，但這裡的人卻溫柔文靜、俊美靈秀。更重要的是，內地是禁止人身買賣的，此等偏遠之地則不然。因而自唐代以後，這裡從事人口販賣，尤其是從事幼童販賣的市場始終興盛不衰，並一直延續到明朝末年。其中一些相貌俊秀、聰明伶俐的孩子被販賣後，再被人閹割，輾轉送入宮中。有不少人還因做轉手閹人的買賣大發橫財，成為當地的豪紳大戶。

方式之三，是地方官員或藩屬的進獻。

地方官員為取悅皇上而將民間子弟矇騙或強行閹割後進獻朝廷之事所在多有，而以唐、明兩朝最盛。唐代各道每年都有義務向朝廷進獻閹割後的兒童，稱為「私白」。大宦官高力士就是聖曆年間由嶺南招討使李千里進獻的閹兒。明成祖時，大臣張輔出使交趾時，也曾順便選了一批伶俐俊美的幼童帶回京師閹為宦官送入宮中，其中史書留名的即有范弘、王瑾、阮安、阮浪等數人。范弘嫻靜清雅，才識過人，而且有一種飄逸的神韻，很得明成祖的喜愛，被破例允許在宮中讀書。范弘前後侍奉了幾位皇帝，深得他們的寵愛。明英宗曾對范弘超凡脫俗的品行大為讚賞，稱他為「蓬萊吉士」。另外，歷史上也有高麗、安南等藩屬向朝廷進獻閹兒的事例。

以上三種情形儘管與宮刑不同，但對被閹割者而言，他們都是被逼的，本質上與遭受宮刑的處罰並無不同。與之相反的是，歷史上長期存在著自行閹割的奇特現象。這種自願接受淨身手術或者乾脆自己淨身的行為，目的一般都十分明確，即希望通過自宮而入宮做宦官。這顯然是宦官制度以及宦官地位的提高而誘發的一種畸形社會現象。

宦官從被強行閹割到自願淨身，經歷了一個漫長的過程，而其中關鍵在於宦官地位的提高。早在春秋戰國時期就出現了「自

宮以適君」的豎刁之流，此後大凡是宦官得勢的朝代，自宮現象便格外普遍。東漢時期的宦官橫行猖獗，勢傾朝野，因而多有「腐身熏子」自願成為刑餘者。唐朝宦官氣焰囂張，權勢登峰造極，以至能隨意任免朝臣、選立及殺死皇帝，自宮一時竟成風氣。明代宦官勢力最盛，自宮現象亦最為嚴重，其中有「已婚而自閹者」，有「熏腐其子」者，有「兄弟俱閹」者。更有甚者，竟有人「盡閹其子孫以圖富貴」，其行為絕非「可鄙」二字足以形容，著實令人髮指。

儘管都是出於自願，但究其動機，仍有差別，大致可分為如下幾種情形：

（一）是因貪圖富貴而自宮。這類自宮者在閹割時大多都已成年，自宮乃是其謀求富貴顯達的自願行為。

宦官原本是遭人蔑視的賤役，所面對的是生理的缺陷、卑賤的地位、家庭的排斥及社會的歧視，但他們身處宮廷，服侍的是具有生殺予奪之無上權威的皇帝，僅這一點就足以讓人敬畏了。敬畏之餘，人們發現位處賤役的宦官，還擁有令人目眩的權勢和吃用不盡的財富。於是，世人對宦官的態度由鄙視而欽羨，由欽羨而傚仿。一些世代輾轉於貧困而無計改變自己命運的人，一些天性懶惰而又不安於本分的，一些無緣於科舉而又祈望出人頭地的，便紛紛自宮而進入宮廷。

《清稗類鈔》曾記載了清末一個姓張的宦官。他原本是個屢試不第的秀才，因參加鄉試時被墨汁汙了試卷而又一次落第。他苦思數日而無以排遣，最終憤而自宮，幸得不死，最終輾轉入宮做了太監。古代歷經寒窗苦讀卻屢屢受挫的失意文人，為謀富貴而自宮的例子並不鮮見，同時一些鬱鬱不得志的現職官員也多有自

殘求進者。明代萬曆年間禍亂遼東的礦稅使高淮，年輕時曾在京城崇文門一帶負責徵稅，且娶妻生子，自閹入宮後得任尚膳監監丞，負責管理御膳及宮內飲食。後來，高淮出任遼東礦稅使，橫徵暴斂，禍害商民，最終因激起民變而被罷免回京。應該說，失意文人與不得志的官員都有較高的文化素養，一旦進入宮廷，往往能獲得重用。

除了失意文人和自殘求進的官員外，更多的則是那些與書本無緣因而根本不可能走科舉之途的無業遊民，願意為求晉身而選擇做宦官的這條門徑。在這些人看來，一時痛楚難忍的宮刑，遠比十年或數十年的寒窗苦讀要輕鬆得多。何況一旦入宮為宦就可出人頭地，不論身居要職的官僚還是富甲天下的豪族，都要爭趨巴結於自家門下，任意支使。這等尊貴除了皇族以外，恐怕便是普通人所能想像的極致了。

（二）是為求得謀生之處而自宮。這類自宮者多出身於社會下層，自宮乃是出於謀生及求得一個寄身的地方。

衣食男女固然是人生之自然大欲，但相比而言，畢竟是衣食在前而男女在後。對於許許多多的窮人來說，衣食難繼、舉步惟艱的日子實在難以忍受，因而能混得一份不虞衣食的差使，對於他們來說本就不是件容易事，而且事實上有許多陷入窮困之境的男子，終生也都無法實現娶妻生子的奢望。與其衣食男女都得不到，不如乾脆投身宮中，淨身為宦官伺候皇帝和后妃，先保住一生的衣食，說不定還有出頭之日呢！

從清末一些宦官的回憶分析，當時絕大多數的宦官都來自京、津及河北、山東，而且原籍都相對集中。其原因在於，一旦有當太監的發了財，對周圍的窮人都會有很大的吸引力，由此相互援引介紹，便在當地形成風氣。還有的人是因為生活中遇到挫

折而自宮當宦官。

如《清稗類鈔》所載清朝康熙年間的唐姓宦官，原本是一位商人，而且已經娶妻生女。後來他因為經商連連失敗，遂一氣之下北走京師，自願閹割後入宮做了太監。清末著名的權閹小德張，自小家境貧窮。據他的後人回憶，為了出人頭地，他獨自在牲口棚裡用一把鋒利的鐮刀自淨了身。被人發現後，在土炕上躺了整整六天才醒過來。

明末最狂妄、最有權勢的大太監魏忠賢，本來是一個嗜賭成性的市井無賴，因債臺高築而無法再在市面上混下去，終於憤而自宮，隨即改名換姓，搖身一變，入宮做了宦官。後來因與明熹宗朱由校的乳母客氏相好而蒙受寵信，成為大字不識一個的司禮監掌印太監。

（三）是宮中宦官所收養的義子，閹割後入宮繼為宦官。這類人雖說幼年即被閹割，但一般是成為養子在先，被閹割在後，大致上都出於自願。

古代歷朝大致上都不反對宦官養子。這一方面是基於宦官既不可能生育自己的子女，而又有養老送終的客觀需要；另一方面也是伴隨著宦官社會地位的不斷提高，而至少在表面上希望能有正常家庭生活的心理需求。

在宦官勢力較為顯赫的漢、唐、宋、明諸朝，宦官娶妻養子相當普遍。就可查考的資料看，上層宦官幾乎人人都在宮外建有豪宅，都娶妻養子，而且其妻娶自高門大戶者並不罕見。唐朝權閹仇士良娶妻胡氏，乃是已故開封府儀同三司、檢校太子賓客兼御史大夫、贈戶部尚書胡承恩之女，可謂家世顯赫。唐肅宗時奸宦李輔國娶的是權臣元擢之女，家世同樣顯赫。娶了妻便要有子。當時朝廷規定高品宦官可以由養子享受門蔭入仕、承襲爵位

等特權，因而一些貪圖富貴之人趨之若鶩，或逕自賣身投靠甘為養子，或送子佺為其養子，心裡癡想的則無疑是繼承大宦官身後的榮華富貴。朝廷規定宦官只允許收養一子，但事實上收養數子乃至數十子、數百子的大有人在。這些人以自願閹割為代價，不惜改名換姓，謀求進達。

唐朝權閹之中，楊思晟本姓蘇，高力士本姓馮，楊復光本姓喬，楊復恭本姓林，田令孜本姓陳，後來都隨其養父而改姓。代價固然很大，但回報也同樣可觀。出於培植自身勢力的需要，權閹養子往往都能成為高品宦官。大宦官仇士良有養子五人，除一個因年紀幼小未能入仕之外，其餘四子皆承恩入仕且位高權重。

歷史上由養父養子相繼相承的宦官家族，以唐朝中後期的楊家最為典型。這一家族自唐德宗貞元年間，任職左神策軍中尉的楊志廉開始，五代養父養子先後相繼活躍於權力中心，時間長達一百多年，號稱「世為權家」。其中以「守」字排行的楊氏第五代養子，僅史書所載且能名職對應者即有數十人之多，如楊守立任天威軍使，楊守信任商州防御史，楊守貞任龍劍節度使，楊守亮任興元節度使，楊守宗任忠武節度使，楊守忠任洋州節度使，等等。其他有姓名無職務或有職務難考姓名者更是難以計數，《舊唐書·楊復光傳》稱其養子以「守」為名者數十人，皆為牧守將帥；《新唐書·楊復恭傳》更稱其養子六百人，監諸道軍，天下威勢，舉歸其門。

除了上述幾種情形之外，在自宮的龐大隊伍中還有一些不諳世事的幼童。他們或是被父兄送入淨身作坊，或是由人口販子賣給淨身作坊，所占的比例應該也不會太小。這些幼童沒有自我保護的能力和獨立生存的能力，因而把握不了自己的命運，一切聽任擺佈。正因如此，這些人歷經磨難長大後，往往十分憎恨自己

的父兄，把自己的一切苦難都歸咎於父兄的狠心和狠毒。至於那些被唯利是圖的人販子拐騙而來的幼童，從小就失去了與家裡的聯繫，像飄萍一樣隨波逐流，了其一生，他們甚至長大後都不知道該去恨誰？

由於自願淨身為宦官的人日益增多，至晚自五代十國時起，歷朝的京城中都曾出現過持刀閹人的特殊職業。一些人把替人淨身當成了自己謀生和致富的手段，並漸漸有了固定的地點，形成了自己的行規。前文述及的清朝光緒年間北京城內專門替人淨身、實施閹割手術的「畢五」家與「小刀劉」家，其家主都是朝廷現職官員。他們每年按四季，每一季給總管內務府進四十名太監。淨身一類的煩瑣手續全由兩家包辦。

明清時代自願接受淨身的人，先要到固定的場所報名，時稱「掛檔子」，然後要經過坊主的審查，主要是看相貌、身段、言談舉止，對那些已經成年、相貌醜陋或不夠機靈的人，一般不給手術。之所以如此，是因為容貌俊秀、聰明伶俐的人，入宮以後容易得到皇帝、后妃的喜歡，在經濟和權勢上也容易有出頭之日，所以作坊主願意為這些人做手術。相反，那些面相不雅又不甚伶俐的，能夠進宮就是他們的造化，進了宮也往往很難生存。

當然，專門替人閹割者幹這營生是為了賺錢，對那些義無反顧、堅持自宮的人，他們也不會與之為難。實施閹割手術之前，一般要繳納手術、療養、飲食、醫藥等諸多費用，統算起來總有百八十兩銀子。許多自宮的人身無分文，繳納不起，便要立下字據，找好擔保人，待進宮以後按月償還。一些進了宮的太監混得不怎麼好，有時這筆債十幾年都還不清。

從朝廷的管理看，大致上歷朝都規定凡自願閹割者皆須報經官府批准，並嚴禁官民自行閹割。宋代規定凡是自願淨身的人，

必須先到兵部報名。兵部選擇其中相貌端正、聰明靈秀之人，擇吉日實施閹割手術。兵部記載閹割的日期上奏，以備日後查驗。被閹割的人傷好後經過查驗，然後再經一定的考核程式方，可擇優送入宮廷。民間若有私自閹割者，一經查實，予以嚴懲。

　　明、清時代朝廷對日益龐大的自宮人群仍持否定態度，並時常下旨嚴禁。明朝多次嚴令禁止自宮。明初自宮求職的人並不很多，宦官一職還沒有引起太多人的注意，因而問題並不突出。明仁宗時，自宮的人開始成批出現，仁宗下令將他們發配到邊地充軍戍邊。明宣宗時，有9名來自山西的人自宮為宦人，投身晉王府。宣宗得報以後，下令法司逮治。景泰時期，朝廷破例接納了一批自宮的人入宮為宦官。

　　此例一開，致使自宮人數迅猛增加。他們成群結隊，紛紛擁來，紫禁城外總是聚集著成百上千的自宮者，哄鬧著硬是要求進入皇宮服役。朝廷無奈之下，接連下令嚴禁自宮，稱此輩逆天悖理，自絕其類，且又群聚喧擾，應治以重罪。對已經自宮者，則不許他們在王府潛住，不許逗留京師，違者處以死罪，並責令地方官將一切自宮者都遣送原籍當差。

　　明孝宗時禁止自宮的條文更進一步編入了具有法律意義的《明會典》，明確規定自宮者屬於「不孝」之罪。在古代人看來，身體髮膚受之父母，孝首先意味著應保全身體髮膚，而毀壞身體髮膚的閹割自然屬不孝。孟子嘗言，不孝有三，無後為大。自宮者失去了生育能力，這必然影響到家族血統的延續，所犯之罪乃是不孝之大者。中國古代歷朝都標榜以「孝」治天下，不孝有悖倫理道德，必然要予以嚴懲。所以《明會典》中的條文明確規定，自宮者要施以最重的刑罰——大辟（即死刑）。

　　但奇怪的是，中國古代的法律條文和具體執行有時候完全是

兩碼事。明代自孝宗時頒布了嚴禁自宮的律令後，自宮者依舊不斷，歷史上卻鮮見將自宮者處死的記載。對於自宮者的處理，每次都是以皇帝的最新詔書為法令，而皇帝往往在每次頒發的詔書中，狠狠指斥一番自宮的不孝行為之後，又例行公事似地說明不忍將他們繩之以法，以示皇帝對子民的無邊恩德。

　　遺憾的是，皇帝們的這種有法不行的舉動，最終致使那些律令變成了廢紙，所有條文形同虛設，自宮者依然故我。

中國古代食人史

佚　名

　　魯迅在《狂人日記》中說封建社會的歷史每一頁都寫著「吃人」，那是指廣義的吃人，即封建禮教和封建制度戕害、壓抑人性，具有吃人的性質。實際上，狹義的吃人──即吃人肉，在古代也是常有的事。

　　弱肉強食的動物世界中，異類動物之間活捕生吃，同類動物之間也有互相殘殺，這是動物界生存競爭的需要，並不奇怪。人類進入文明社會以後，仍然存在著人吃人的現象，這說明人類並沒有完全消除獸性。由於人類具有高於動物的社會意識，所以人類相食比動物相食更顯得野蠻和殘酷。

　　古代的吃人可分為兩類情況：

　　第一類情況是，由於天災或戰亂造成了嚴重的社會饑荒，人們為了生存而被迫以同類為食。這種現象史書常見記載，每個朝代在遭逢大饑的年頭都會出現人吃人的慘劇，即使是盛世也不能避免。像白居易詩中所寫的「是歲江南旱，衢州人食人」，只是盡人皆知的一次。有的朝代在災年或災區，人肉還會公開在集市上出售。北宋末年靖康之亂時，江淮之間民眾相食，一斗米要數十千錢，人肉的價錢則比豬肉還便宜，一個少壯男子的屍體不過十五千（不如一斗米貴）。明代萬曆四十五年（1617年）和四十六年（1618年），山東大饑荒，蔡州有人肉市，慘不忍睹。清同治三年（1864年）和四年（1865年），皖南到處人吃人，人肉開

始賣到三十文一斤，後來漲價到一百二十文一斤。同時，江蘇句容、溧陽、溧水等處，人肉也賣到八十文一斤。這種現象當然是違背人性的，但在那種每個人都面臨餓死的威脅的情況下，靠吃人肉來活命，勉強還能夠使後人理解。

另一類情況是屬於殘忍行為的吃人。由於目的不同，這類情況的各種具體表現也有差異，有的人以吃人肉來炫示兇暴，有的人聽信左道邪術以吃人肉來治療某種疾病，有的人因懷有仇恨以吃敵人的肉來發洩報復情緒，等等。同饑荒年頭被迫吃人肉相比，更帶有野蠻性和殘酷性。這種吃人不屬於刑罰的範圍，但它和以各種酷刑懲罰人的做法有某些相似之處，充分顯示了某些人的殘忍意識和苛虐心態。

歷史上有不少兇暴的將帥用人肉充作軍糧，所到之處，就地擄掠民眾為食物。十六國時，前秦苻登領兵征戰，把殺死的敵兵叫做「熟食」。他對軍士們說：「你們早上作戰，晚上就可以飽餐肥肉，不必擔心挨餓。」於是，部下都甘願效力，打完仗就吃人肉，吃飽後再作戰，兇猛異常。唐末時，秦宗權常派遣部將四處屠殺百姓，他的軍隊中不帶米麵糧食，把殺死的人用鹽醃了起來，隨軍攜帶，作為軍糧。唐末楊行密圍攻廣陵時，城中糧草罄盡，守城軍士就抓百姓到集市上販賣，專門派人殺戮他們，有如屠宰豬羊。這些人被殺時，竟然一聲也不喊叫。

隋末的朱粲，更是一位著名的吃人魔王。當時襄陽、鄧州一帶大災荒，白米萬錢一斛還買不到，百姓相食成風。朱粲乘亂起兵，常捕捉民間幼兒蒸熟吃肉。他對軍士說：「世上最美的食物，還能有超過人肉的嗎？只要國中有人，我就不用擔心沒有軍糧。」於是下令，讓部下分道捕獲婦女和兒童，蒸熟後分配給士兵食用。每攻下一座城鎮，朱粲就傳命把弱小的男女分給各部，

需要時就殺著吃。

後來朱粲降唐，高祖李淵派部將段確接受投降並勞軍。宴席間，段確喝酒半醉，對朱粲開玩笑說：「聽說你愛吃人肉，那到底是什麼滋味啊？」朱粲反唇相譏，說：「如果是剛喝過酒的人，他的肉就像糟醃豬肉一樣。」段確大怒，罵道：「你這狂賊，既然已入我唐朝，不過是一個奴才罷了，還敢吃人嗎？」朱粲亦大怒，就下令將段確殺死，烹食其肉。

清代褚人獲《隋唐演義》中有一回名為「啖人肉朱粲獸心」，就描述了朱粲的暴行。唐末黃巢起事時，率軍圍困陳州，擄掠白姓為軍糧，把人放在人石碓中連骨搗爛，煮熟當飯。

五代時的趙思綰和朱粲是一丘之貉。他領兵佔據長安時，城中沒有吃的，就殺婦女兒童為軍糧，按一定的數目分配給各部。每當犒軍時，就殺戮百人。趙思綰愛吃人的肝，他把活人綁在木柱上，剖開肚子，割下肝臟，炒熟飽餐。把肝吃完，那被割下肝臟的人還在慘叫。史料記載，趙思綰從作亂到敗亡，一共吃了人肝66副。

這種以人肉代替軍糧的行為，在某些正義之師中也不能免。如史載安史之亂時，張巡守睢陽，守城兵士共食三萬人。當時人們得知時，非常吃驚。韓愈卻獨持不同意見，認為是不可能的，並寫文章進行考辯。後世也曾有人重論此事，說張巡的軍隊所食三萬不是百姓，而是陣亡士兵的屍體。又說張巡殺死愛妾、許遠烹熟書僮的事也與事實不符，實際上是張巡的愛妾見情勢危急而自殺，許遠的書僮是因憂懼而暴亡，張、許二公遂用他們的肉犒賞士兵，作為堅定軍心的手段。

雖然史籍有所誇大，但不論黃巢還是張巡，因軍中缺糧而吃人肉的事總是有的。古時戰爭殘酷，在生死存亡的特殊時刻，環

境迫使人性異化，回歸到動物界同類相食的狀態。這樣的情況並非僅見於唐代。北宋靖康元年（1126年），金兵南侵，戰亂四起，官兵和百姓都無糧可食。於是就把死人全部用鹽醃起來，曬成肉乾，以供食用。登州人范溫組織義軍抗金，兵敗後乘船渡海到臨安，隊伍進城後還在吃攜帶的人肉乾。他們將這些人肉乾叫做「兩腳羊」，其中老而瘦的男子叫做「饒把火」（意思是說這種人肉較老，不好烹煮，需要多加把火），年輕的婦女叫「不羨羊」（意思是說這種人肉的味道佳美，超過羊肉），小孩叫做「和骨爛」（意思是說小孩子肉嫩，煮的時候連肉帶骨一起爛熟）。亂離時人民遭受的苦難，由此可想而知。

元朝末年，天下動亂，刀兵四起，駐守淮右的官軍缺糧，也捕人為食。他們認為小孩的肉為上等，女人的肉次之，男人又次之。吃人的辦法有許多種。有的是把人放在一個大缸裡，外面用火煨烤，直到把肉烤熟；有的是把人放在一個鐵架子上，下面用火烤，像烤羊肉似的；有的是把人的手腳捆綁起來，用開水澆在身上，然後用竹掃帚刷掉人身體外面的表皮，再割剝肌肉烹炒而食；有的是把活人裝在大布袋裡，放進大鍋裡煮；有的是把人砍成若干塊，用鹽醃上，隨吃隨取；有的是只截取男人的兩條腿，或者只割下女人的兩只乳房，其餘的部分扔掉。種種酷毒做法，難以詳述。他們把這種人肉叫做「想肉」，意思是說吃了之後美味無窮，還使人想念。元朝的暴政，由此可見一斑。

明清時，官兵吃人的現象屢見記載。明成化年間，湖廣都指揮彭倫跟隨趙輔平定大藤峽瑤民叛亂，把抓獲的俘虜綁到高竿上，讓兵士將他們亂箭射死，然後又割裂他們的肢體，讓兵士烹煮而食。清順治九年（1652年），南明將領李定國率兵攻新會，城中糧盡，守城軍士就殺居民為食。有個姓莫的媳婦與婆母相依

為命，守軍要殺食婆婆，莫氏叩頭請求替婆婆死。守將說：「真是一位孝順的好媳婦！」就答應了她的要求，捨了婆婆，把莫氏烹而食之。又有一個姓李的婦女，丈夫被守軍抓去，將被殺，李氏哭著說：「丈夫還沒有兒子，如果殺了他，就絕了他家的後代了。我即使活著又有何用？請把我吃了吧！」守將也答應了，就烹食李氏，把她的骸骨交給她的丈夫帶回家安葬。

又有一位姓梁的窮書生，被守軍抓去將被烹食，他的10歲的女兒請求代替，守將被感動了，把他們父女一同釋放。有一回城門正要關閉，有幾百名鄉下百姓擁到城門外請求進城避難，新會縣令不同意收留他們，清軍守將說：「讓他們進來吧！到緊急的時候，這批人可作為我們十天的口糧。」於是打開城門，把百姓放進來。新會縣城被圍困八個月，守軍吃掉民眾近萬人。有戶人家數口被吃，只有一人倖免。

兵亂過後，這位倖存者有一天在路上遇見了清軍守將，就跪下向他磕頭。守將感到驚訝，問：「你拜我幹什麼？」那人說：「我的父母妻子都安葬在你的肚子裡了，他們都沒有墳墓。如今寒食節臨近，我不朝著你的肚子下拜，又到哪裡去拜呢？」守將滿面羞慚，急忙離去。這位吃人的清軍守將，對10歲的女孩還有一點憐憫之心，對遇難者的責問還有一點慚愧之心，說明他的人性總算還沒有完全滅絕。

臭氣熏天的歷史

李陽泉

歷史有時候是臭氣熏天的。

中國古代的有錢人家，上廁所是要換衣服的。西晉的首富石崇家的廁所修得富麗堂皇，專門有十多個身著豔麗服裝的婢女準備好了甲煎粉、沉香汁、新衣服等站在門口迎候。他家中來了客人，看見這種光景，都不好意思去。西晉征南大將軍王敦不管這許多，脫了身上的衣服進廁所，大便之後，穿著婢女準備好的新衣服出來，神情中充滿驕傲。從這一細節也不難看出，為什麼古人會把上廁所稱為「更衣」。

當然，在更多的窮苦人家，是不具備「更衣」條件的。但是不論更不更衣，人們在排便時的痛快感受是無可替代的。這一骯髒但愉快的歷程，所有的教科書中都不會記錄，似乎只有歐陽修「馬上枕上廁上」的讀書方法曾經涉及，這實在讓我們的文明大打折扣。看看下面幾個帶點歷史臭味的故事，或許你會覺得，這剛好是對「發笑」歷史的一個很好的補充。

提起北京城，在世人眼中，那可是數朝帝都，王者氣象。近幾百年的文人恨不得把所有好詞兒全用在這城市身上，以表示他們對「身居京城」的慶幸與感恩。

然而，我今天介紹的是一個污穢不堪、臭氣熏天的北京城。

在16世紀至19世紀的北京，也就是明王朝和清王朝時期，商業一片繁榮的背後，是公共設施的匱乏和管理的無序。偌大一個北京城，公共廁所寥寥可數，以致有「京師無廁」的說法傳世。明代王思任在《文飯小品》中直陳時弊，將京城比喻成一個巨大的廁所。這是不是有些聳人聽聞了？

事實上，情況遠比這嚴重得多。由於寥寥幾個公共廁所還都是收費的，如果不是出於體面或是別的什麼顧忌，一般情況下是不會有人滿大街找半天之後才走進去。「故人都當道中便溺」，不僅普通百姓這樣做，一些官員也帶頭這樣做。不僅男人這樣隨便，甚至女人也將便器中的內容直接倒在街上。自然是大便摻雜著小便，人糞摻雜著牛溲馬尿，北京城不僅是一個巨大的公共廁所，還是一個巨大的垃圾站。當真是「重汙疊穢，處處可聞」（據清代佚名《燕京雜記》）。

直到清朝末年，這種情況才有所改觀。北京各街道遍修廁所，不准隨地便溺。而且，出現了大糞車，以搖鈴為號，召喚居民倒便桶。

臭氣熏天的北京城，才慢慢乾淨起來……

皇家氣象

據《左傳》記載：西元前581年的一天中午，晉景公姬獳品嘗新麥之後覺得腹脹，便去廁所屙屎，不慎跌進糞坑而死。姬獳很可能是歷史上第一個有文字記載的殉難於廁所的君主，由此暴露出先秦時宮廁的簡陋。這沉痛的代價使得後世對屙屎這樣的事情多了幾分謹慎。

漢高祖劉邦位列「中國流氓史」頭把交椅，他的做法實在可以配得上他的身分。他在群臣面前內急，為了節約時間開會，同

時大概也為了不至於掉進廁所中，竟讓一個文官把帽子遞給他，他背過身去，把帽子倒過來，不一會兒，半帽子熱氣騰騰的尿就呈現在眾大臣的面前了。

這個流氓皇帝的後代漢武帝劉徹，更是別出心裁，居然在解大便時接見高級官員。這是《漢書·汲黯傳》裡透露出來的：「大將軍（衛）青侍中，上踞廁視之。」史官並沒有記錄衛青當時的感受，但可以肯定的是，衛青在漢武帝的眼中是一等一的重臣，也許正是由於這個原因，才獲得了在皇帝大便時能被接見的特殊榮幸。

關於皇家廁所的不同尋常之處，《世說新語》有所透露。西晉大將軍王敦被晉武帝招為武陽公主的駙馬，新婚之夕，頭一回使用公主的廁所。初見時，覺得富麗堂皇，比民間住宅都強得多。進去才發現原來也是有臭氣的，心下稍微平和了些。不多時，見廁所裡有漆箱盛著乾棗，只當是「登坑食品」，便全部吃光。俟完事後，侍婢端來一盤水，還有一個盛著「澡豆」的琉璃碗。王敦又把這些「澡豆」倒在水裡，一飲而盡，惹得「群婢掩口而笑之」。原來乾棗是登坑時用來塞鼻子防臭氣的，而「澡豆」則相當於近世的肥皂。

或許是受了漢高祖用大臣帽子撒尿的啟發，後世的皇帝們多半使用便壺來解決問題，而不親自上廁所了。《西京雜記》上說，漢朝宮廷用玉製成「虎子」，由皇帝的侍從人員拿著，以備皇上隨時方便。這種「虎子」，就是後人稱作便器、便壺的專門衛生用具。可知至遲從那時起，皇帝就不一定非得同廁所打交道了。「虎子」後來變了稱呼，喚作「馬桶」，據說也與皇帝有關。相傳西漢時「飛將軍」李廣射死臥虎，讓人鑄成虎形的銅質溺具，把小便解在裡面，表示對猛虎的蔑視，這就是「虎子」得

名的由來。可是到了唐朝皇帝坐龍庭時，只因他們家先人中有叫
「李虎」的，便將這大不敬的名稱改為「獸子」或「馬子」，再
往後俗稱「馬桶」和「尿盆」。

宋太祖趙匡胤平定四川，將後蜀皇宮裡的器物全運回汴京，
發現其中有一個鑲滿瑪瑙翡翠的盆子，愛不釋手，差點兒用來盛
酒喝。稍後把蜀主孟昶的寵妃花蕊夫人召來，花蕊夫人一見這玩
意兒被大宋天子供在几案上，忙說：這是先王的尿盆啊！驚得趙
匡胤怪叫：「使用這種尿盆，哪有不亡國的道理？」馬上將盆子
擊碎了。

尿盆與酒器難以分辨，這大扯是古人審美趣味不同造成的笑
話。便器發展到清朝，已體現出極為強烈的人性關懷特徵。清代
皇帝、后妃們使用的便器叫做「官房」，有專門的太監保管，需
要時則傳「官房」。這些「官房」是十分講究的，分為長方形和
橢圓形兩種形式，用木、錫或瓷製成。木質的官房為長方形，外
邊安有木框，框上開有橢圓形的口，周圍再襯上軟墊，口上有
蓋，便盆像抽屜一樣可以抽拉，一般木質便盆都鑲有錫質內膽，
以防止滲漏。錫質官房為橢圓形，盆上有木蓋，正中有鈕。這種
便盆要與便凳配合使用，便凳比較矮，前端開出橢圓形口，便盆
放在下面對準圓口。便凳有靠背，包有軟襯，猶如現在無扶手的
沙發一般，坐在上面，並不比現在的馬桶差，只不過不能沖水而
已！

慈禧太后的「出恭」，在一些史料中有零星記載。太后說要
傳官房，幾個宮女就去分頭準備，一個去叫管官房的太監，一個
去拿鋪墊，一個去拿手紙。太后的官房是用檀香木做成的，外表
雕成一隻大壁虎，壁虎的四條腿就是官房的四條腿，壁虎的鼓肚
是官房盆屜，尾巴是後把手，下頜是前把手，嘴微微張開，手紙

就放在其中。壁虎的脊背正中有蓋子，打開後就可以坐在上面「出恭」了。官房裡放有乾松香木細末。太監要把用繡雲龍黃布套裹著的官房頂在頭上，送到太后的寢宮門外，請安以後，打開黃布套，取出官房，由宮女捧著送進淨房（淨房一般設在臥室床的右側，明面上裝一扇或兩扇小門，裡面是不足一米寬的夾道，專門為便溺用）裡，宮女把油布鋪在淨房地上，把官房放在油布上，再把手紙放進壁虎嘴裡。太后完事後，由宮女捧出去，交給太監，太監仍然用布套包好，舉到頭上頂出去，清除完穢物後，擦洗乾淨，放入新的乾松香木細末，等下一次使用。

宮中雖然可以如此，羈旅途中自然不能這樣煩瑣，一路車馬，也不方便端來端去的。這不用我們操心，早有人替太后老佛爺想好了。光緒二十九年（1903年）三月，慈禧以恭謁西陵（在河北省易縣西）為名，要乘上火車抖抖威風。臥室內，面對車窗放置著特製的鐵床，床上被褥枕頭應有盡有，用幔帳圍著。床的一側有門，打開即是大小便用的如意桶。桶底鋪著黃沙，再灌進水銀，糞便落入不見痕跡。桶外用宮錦絨緞套罩著，看上去像一個繡花坐墩。

清史學家孟森的描述是：「……車中備鐵床、褥枕被，花車原有臥榻，置不用，計吸鴉片煙非此不適故耳。床橫置，面車窗，以幔圍之，床身購諸肆，嫌柱稍高，截其腳而高其床面。床側一門，啟之即如意桶。如意桶者，便溺器也，底貯黃沙，上注水銀，糞落水銀中，沒入無跡。外施宮錦絨緞為套，成一繡墩。車身亦（遍）套黃絨，而以緞貼裡。」這種如意桶，可算是當時登峰造極的高級衛生設備了。

用什麼擦屁股？

造紙是中國早在漢代時的一大發明，但是直到元朝，這一技術產品才被運用於人們最實際的生活：如廁。後人揣測，元朝是蒙古人建立的，文化相對比較落後，沒有漢民族「敬惜字紙」的意識，所以才使得廁紙進入人們的生活。而之前，在相當長的一段時間裡，大家都用竹片做如廁的衛生用品，即使是皇帝也不例外。唐宋之前，人們用的是一種叫做「廁籌」的木頭片或竹片。

《元史‧后妃傳》記載，「裕宗徽仁裕聖皇后」伯藍也怯赤當太子妃的時候，對婆婆「昭睿順聖皇后」非常孝順，她要在婆婆拭穢之前用自己的臉將手紙摩擦柔軟：「后性孝謹，善事中宮，世祖每稱之為賢德媳婦。侍昭睿順聖皇后，不離左右，至溷廁所用紙，亦以面擦，令柔軟以進。」連擦屁股的紙都要先用臉摩擦一下，這孝心實在是可圈可點。

那麼竹片呢？軟硬估計已經無法改變，竹子的問題在於毛刺甚多，萬一竹片不夠光滑，傷了使用者的臀部，實在是一件大殺風景的事情。《南唐書‧浮屠傳》記載，南唐後主李煜親自動手削竹片，以供僧徒如廁時使用，並用面頰檢驗品質，看看是否光潔滑爽。這堪稱是禮佛的帝王中最值得稱道的了。

掘新坑成財主

廁所管理員的工作也是三百六十行之外的，而首先看上這門行業並以此發財致富，則絕對是獨闢蹊徑，自成一家，值得商家學習，值得全民把玩。

明末清初有一個叫做穆太公的人。當然，沒有誰會在自己的名字上帶著這麼高的輩分。本家姓穆是一定的了，「太公」則很可能是大家對他的尊稱。這位姓穆的老先生是如何贏得群眾尊敬

的呢？

　　穆太公是鄉下人，有一天進城，發現城裡的道路兩旁有「糞坑」，且是收費的。老先生進去痛快了一把之後，並沒有一走了之。他立在這簡易廁所外面呆立了半天，發現來解手的人不少，於是，他憑藉自己特有的商業敏感度，確立了自己後半生的飯碗——「倒強似做別樣生意！」

　　回到家之後，穆老先生請工匠「把門前三間屋掘成三個大坑，每一個坑都砌起小牆隔斷，牆上又粉起來，忙到城中親戚人家，討了無數詩畫斗方貼在這糞屋壁上」，並請一個讀書人給廁所題寫了個別緻的名字：「齒爵堂」。為了吸引客流，又求教書先生寫了百十張「報條」四方張貼，上面寫著——「穆家噴香新坑，遠近君子下顧，本宅願貼草紙。」

　　這一手很有吸引力，農家人用慣了稻草瓦片，如今有現成的草紙用，加上廁所環境實在幽雅，「壁上花花綠綠，最惹人看，登一次新坑，就如看一次景致」。吸引得女子也來上糞坑，穆太公便又蓋起了一間女廁所。

　　值得說明的是，穆太公的廁所是免費的。那他老人家費這麼大勁兒，如何體現經濟利益呢？原來，早在城裡上廁所的時候，他便已經領悟到，在鄉下，廁所收費是行不通的。但是，糞便是可以出售的。他便把糞便收集起來，賣到種田的莊戶人家，或者以人家的柴米油鹽來置換。一勞永逸，久而久之，便獲得了不小的收益。真的是「強似做別樣生意」！（據明末清初無名氏《掘新坑慳鬼成財主》）

令人髮指的「殺人藝術」

煙之外

　　死刑是人類歷史的另類文明，動物永遠不會對同類創造出花樣百出的死刑來。整理世界關於死刑的資料，並不代表作者是個殘忍的人，也不代表作者提倡這些死刑。若干年後，死刑也許會消亡，那麼關於死刑的學問，或許就是人類的文化遺產了。

　　中國是一個文明古國，死刑的歷史也一樣悠久，在某些時候，死刑逐漸發展成為一門技巧。我想把我了解的一些知識，拿來和大家探討。有的方面，我參考了法國人馬丁‧莫內斯蒂的資料，但大多是從中國的書籍上找來的。

一、斬刑

　　‧砍頭　砍頭是中國最經典的處決方式，甚至可作為死刑的代名詞。一下砍掉人最重要的器官，可以叫人當場斃命。既保險，又快捷，還可以把砍下的頭示眾。正規的叫法是「斬」，嚴顏被張飛俘虜後說：「剁頭便剁頭。」也是這意思。

　　上古時代，斬的刑具往往是斧。那是因為青銅畢竟比較軟，不夠鋒利，得做成斧，砍下去才有力度。鐵器普及後，刀漸漸在斬刑中唱起了主角，不過刀雖然鋒利，卻也容易卷刃，用起來更需要技巧，一些祖傳的劊子手世家也應運而生。

　　所謂技巧，就是要瞄準犯人頸部的頸椎骨空隙，一刀下去，身首分離。如果砍得不準，就不一定能夠一下子砍斷，砍得半死

的犯人掙扎呼號，場面自然顯得尷尬，有時圍觀的人群也會嘲笑劊子手的。有一種傳說，清代施用斬刑，要求對官位較高的犯人用鈍刀，讓其多受痛苦，那是不確切的。

歷史上誰最早被砍頭，恐怕無法考證了。可是被砍頭的知名歷史人物，則不勝枚舉。

《聊齋》裡講到一個即將砍頭的犯人，聽說某劊子手的刀特別鋒利，千方百計要由他來執行。一刀下去，人頭飛起，在空中還能喝彩道：「好快刀！」話又說回來，身首分離，沒有了呼吸器官，光是一顆人頭是沒法說話的。蒲松齡的《聊齋》本來專講狐仙鬼怪故事，做不得數。但真正行刑時，有時因為人的神經還有反應，飛出去的人頭把某個看客一口咬住的事也有發生。碰上這種事，那就自認晦氣吧。

進入清朝之後，男人留了辮子，給行刑帶來了方便。那時一般讓犯人跪下，一人按住他身體，一人揪著辮子使勁拉，盡可能使犯人的脖子伸長，方便劊子手執行。另外，一名侵華日軍士兵回憶說，他們在多次砍頭後發現，原來跪著的死囚在被斬下腦袋的一瞬間，兩腿會自然伸直，身體向前跳躍。所以他們故意讓被殺的人面向河流，好讓他們「自己跳下去」。

•**腰斬**　斬刑中還有一類，那就是腰斬，切斷人的身體而使人喪命。比較起來，腰斬死得慢一些，更痛苦一些。秦、漢時，所謂的斬，都是專指腰斬，斬首在當時叫做梟首。傳說清朝的張廷璐，因科場舞弊被腰斬，臨死前蘸著自己的血，在地上寫了十三個「慘」字，寫到最後，字已難以辨認。因張廷璐寫了十三個慘字，腰斬死刑從此被雍正廢除。有人說金聖歎也是腰斬的，甚至說那是他腰斬《水滸傳》的報應。但金聖歎臨刑前又說：「殺頭，至痛也，而聖歎於無意中得之，豈不快哉？」如果這句話是

真的的話，那麼他是給砍頭而不是給腰斬的。

除了刀、斧可以使用在斬刑中，鍘刀也是很順手的工具，不僅刃利背厚，不易損毀，而且對技術要求比較低。可古代除了宋代包拯那著名的三口鍘刀，很少有這樣的記載和傳聞。想必是鍘刀操作起來太簡單，又沒有人頭飛起的轟動效應，在講究藝術和唯美的古代官員和觀眾看來，既不過癮，也難體現殺一儆百的宗旨。

二、絞刑

絞刑有好幾種，有的是吊死，有的是勒死，大多數是用繩索或類似的東西來阻止人的呼吸，讓其窒息而死。其中吊死是指把繩圈套在犯人脖子上，讓犯人兩腳懸空，因身體的重量下墜而導致自己窒息死亡。勒死則不需要讓腳懸空，主要是通過外力收緊繩圈，以達到窒息的目的。

中國古代的絞刑，以勒死為多，上吊大多是一種自殺手段。當然賜死也是一種體面一些的死刑，但一般都有自選項目，很多人選擇上吊，好聽一點叫做「投繯」。中國古代絞刑的正規做法是把犯人跪著綁在一根柱子上，將一個繩套套住頸部，兩邊各有一名劊子手，把木棍插在繩套裡，然後反方向轉動，使繩套越來越緊，最後把犯人勒死。

按中國傳統，身體髮膚，受之父母，必須珍惜，能留一個全屍，也是不幸中的大幸。所以絞刑相對斬刑，不流血，能保持屍體完整，明顯是一種優惠待遇。同樣是死刑，絞刑的處罰要輕一點。隋煬帝被宇文化及等害死時，說：「天子死自有法。」他本來想喝毒酒，一時找不到，就自解練巾，由令狐行達等將他坐著勒死了。此外如前秦的苻堅、金代的完顏亮、明代的桂王等，都

是被勒死的，而楊貴妃則是上吊死的。

中國還有一種勒人的辦法，是把繩圈套在人脖子上後，背著就跑，跑出一段路，人就死了。北方管這叫「套白狼」，上海一帶叫「背娘舅」，那些是近現代的叫法，但這手法的歷史卻很悠久。

南北朝的北齊有個宮廷殺手兼保鏢隊長，名叫劉桃枝，就是套白狼、背娘舅的大行家。

需要補充的是，中國古代有一種刑罰叫立枷，就是讓犯人站在一個囚籠裡，脖子被枷住，腳可以懸空也可以不懸空。懸空的話可以在一個時辰左右死去，要是腳上拴塊石頭，死得還更快些。如果腳是著地的，那至少一天內不會死，時間再久，腳無力支撐了，也會死。

《老殘遊記》裡曾詳細記載過，這也是一種阻止人呼吸以至死亡的辦法，可以算絞刑的變種，原理相通，只是工具不同。一些古裝片裡的囚車，讓犯人站在裡面，其實這不合押運的要求。當時的囚車是讓犯人坐在裡面的，當然坐著雖不會致命，但也很不舒服就是了。

三、毒藥

毒藥因為其隱蔽性，經常被用在暗殺或自殺的場合，如果用它來執行死刑，應該說比絞刑更體面也更人道些。在中國古代，一般都是皇帝賜死才能享受這種死法。呂不韋是給秦始皇逼死的，他就是喝了鴆酒。據說鴆是一種鳥，羽毛有毒，足以致命，所以文言文裡下毒常叫做「鴆」。但現在的生物學著作裡似乎沒見過鴆這種鳥的記載。

除了所謂的鴆，常見的毒藥有孔雀膽、鶴頂紅等等，彷彿這

些美麗的鳥兒都有毒，其實砒霜才是古今中外常用的毒藥。唐朝的韋皇后派酷吏周利用害死試圖推翻武則天的五王，其中袁恕己「素服黃金，利用逼之使飲野葛汁，盡數升不死。不勝毒憤，椿地，爪甲殆盡，乃捶殺之。」古人服黃金用以養生，相當於藥石一類。野葛汁雖然令人痛苦萬狀，一時卻又死不了，最後還是用別的方式弄死的，看來不夠靈。孔雀膽、鶴頂紅都是毒藥的名稱，並不是實物。

另外見於記載的一種是金屑酒，晉惠帝皇后賈南風就是用這種酒害死的，不過這不能算毒藥，一種可能這是屬於吞金而死。只是這兩者有類似之處，姑且也列進去，也有學者說吞金未必能致死，過去的吞金是指水銀。如果金屑酒中含有水銀的話，那水銀倒的確具有毒性。

四、溺刑

溺刑，說白了是把人拋進水裡淹死。一方面這麼做簡單易行，另一方面許多民族都認為水能洗滌人的罪惡，所以這種刑罰在世界各地都有記載。

例如，北魏胡太后就是被爾朱榮扔進河裡淹死的；唐朝末年朱溫殺死唐的大臣，也是把他們扔進黃河，還說：「你們自命清流，今天我要讓你們變成濁流。」蒙古的貴由死後，皇后海迷失執政兩年，被蒙哥奪取寶座。蒙哥等人在審訊中，下令剝光海迷失的衣服，海迷失斥責他們說：「我的肉體，只有先帝看過，你們算什麼東西？」最後海迷失被裝在氈袋裡，扔進河中。至於清末的珍妃，到現在還留下一口井供人憑弔。還有一個有名的故事，戰國時西門豹以滿足河伯要求為藉口，把謀財害命的巫婆及徒弟扔到河裡，其實也是在實行溺刑。

明朝的才子解縉，得罪永樂皇帝後被投入監獄，過了很久，成祖偶然在囚犯名單上看見他的名字，於是隨口問了句：「解縉還沒死啊？」這句也許出於無心的話，給解縉帶來殺身之禍，他被倒插在雪堆裡而死。這樣的死法，介於活埋和溺死之間，因為雪是水的固化物，所以把他算在被處以溺刑的人裡面。

　　後來，上海的黑社會在謀殺時，常採用把受害者綁上石頭扔到河裡淹死的做法，他們還想出了一個富有詩意的名稱，叫做「種荷花」。

五、活埋

　　在中國古代，活埋的文雅名稱叫「坑」。秦國在長平屠殺四十萬趙軍的方法是「坑」，秦始皇對付敢於議論朝政的儒生也是「坑」，秦滅亡前夕，楚霸王項羽處置章邯手下二十萬降兵又是「坑」。似乎秦王朝的興起、鼎盛、滅亡，都跟「坑」字，有著不解之緣。

　　活埋，就是把活人埋在土裡，厚實的泥土塞住了呼吸系統，使人窒息而死。在今天看來，真是很殘酷。但相對統治者，卻有它的便利之處。一是可以大批量操作，工序比較簡單；二是可以強迫被殺者自己挖坑，反正挖個坑不需要什麼特殊的技能。中國本來就是個農業國家，會挖坑的人有的是；三是不像溺刑那樣，大規模執行起來有污染環境和洩露真相的顧慮；四是成本絕對低；五是很少有人能夠逃脫。

　　正因如此，在秦始皇以前和以後的漫長歲月裡，活埋一直被統治者所採用。從一些商代出土的墓穴裡，人們可以看到上百上千的殉葬者屍骨。有的擺放很整齊，估計是殺死後放進去的；有的卻極度扭曲，可想而知是被活活扔下去的。北魏拓跋氏興起

時，在參合坡一戰後大量活埋後燕戰俘，其實他們同樣也都是鮮卑人。

清朝有一種類似活埋的死刑方式，就是把浸濕的桑皮紙蒙住口鼻，以達到窒息的目的。這是很體面的死法，只有皇室人員和高官貴族才有權享受，小老百姓，就等著砍頭或者絞死吧！

六、餓死

人的生存，除了呼吸，最要緊的就是飲食了。所以一旦不吃不喝，或者吃喝得太多，就會死亡。這個道理不言自明，很自然地也就被用在對人生命的剝奪過程之中。

把人活活餓死，最早是在原始社會，人們把失去勞動能力的老人或無力撫養的小孩拋棄在野外。在中國古代，餓死往往也是一種仁慈。例如武則天的女婿薛紹家族參與了反對女皇的密謀，結果全家都被處死。薛紹因為是太平公主丈夫的緣故，被關在牢裡活活餓死，得了一個全屍。

被當作刑罰來實施的餓死，常常使用在貴族身上，史書上多有記載。西漢呂后把趙王劉友處死，就是不給他食物，劉友餓得半死不活時，還饒有興致地作了一首詩，最後幾句是：「吁嗟不可悔兮寧早自裁，為王而餓死兮誰者憐之？呂氏絕理兮托天報仇！」《史記》裡稱他的死為「幽死」。

漢獻帝的伏皇后被曹操派人從宮中拖出來，她披髮赤腳，哭著對獻帝說：「難道不能幫我活命嗎？」可憐的漢獻帝只能說：「我也不知道命在何時！」伏皇后被送到暴室幽死，也是餓死（史書上有不同記載，或言亂棒打死，或言廢黜死，這裡採用了《後漢書・伏皇后紀》的說法）。

最令人髮指的是晉惠帝皇后賈南風，她下令將至少是名義上

的婆婆楊太后廢為庶人，把楊太后的母親龐氏從太后身邊強行拉去處死，然後把楊太后餓了8天才餓死。因為怕楊太后的亡魂向晉武帝訴冤，把楊太后的臉向下埋葬，並放了符咒、藥物等鎮壓。好在天道有還，賈南風最後也在關押楊太后的金墉城被毒死。

七、鈍擊

人只要被任何一種有點分量的鈍器打擊都可能致死，例如皮鞭、棍棒、鐵錘、石頭等，甚至還有犯人自身的體重。中國古代一般把用鞭子、棍棒之類將人活活打死的刑法叫做「撲殺」，有時把人高高舉起後摔在地上摔死也叫「撲殺」。

皇帝是享有生殺予奪大權的最高統治者，他興之所至，有時會下令把臣下撲殺。檔次高一點的是金瓜擊頂，當然結果還是腦袋開花。少數皇帝甚至會親自動手，趙匡胤曾用柱斧（儀仗用）追打一個大臣，那大臣邊逃跑邊撿起被打落的牙齒。趙匡胤覺得奇怪，問他為什麼要這麼做。大臣說：「好讓史官記錄天子毆打臣子的歷史時有個憑據。」趙匡胤哈哈大笑，停止了這場君臣追打的鬧劇。

從上文的例子看，趙匡胤似乎並沒有將手下大臣置之死地的念頭，只是一時間草莽英雄的本性發作，而大臣也敢於逃跑並以記入史書相威脅，這件事跟死刑沒多大關係。但做大臣的要是碰到另一個草莽英雄朱元璋，那就大不相同了。朱元璋設置了一種刑罰叫「廷杖」，大臣如果觸犯了龍顏，皇帝可以當場下令打幾十大板，由司禮監督，錦衣衛執行，不可能逃跑，運氣不好就可能命喪朝堂。當然打手會使巧勁，既能劈啪作響而幾乎不傷皮毛，也能幾下結果人的性命。這時候行刑的人是看司禮監大太監

的站姿行事的，如果兩個腳尖外張，就是手下留情；如果兩個腳尖向內，就是置之死地。

八、火刑

中國人很少把人用明火燒死，商紂王用的是炮烙，那是一根燒紅的巨人銅柱，有人說是把人綁上去，也有人說橫著讓人在上面走。

項羽比較喜歡烹，就是大鍋的水煮或油炸。他曾經想嘗嘗劉邦老爸的味道，可劉邦還厚了臉皮要分一杯羹，項羽捨不得別人分享，就沒把老頭下鍋。孫權也拿人鍋嚇唬鄧芝，最後也沒真下手。可惜能說會道的酈生就沒那麼幸運，讓田橫給烹了。武則天比楚霸王慷慨，她曾經烹了一個官員讓文武百官都來吃，好多人吃不下去，可也有人為了表忠心，吃得飽飽的。除此而外，董卓曾將俘虜裹上塗了豬油的布用小火燒。太平天國進一步發揚光大，把人倒吊起來再燒，美其名曰「點天燈」。

九、穿刺

穿刺是個大概念，可以用矛、箭、木椿等好多工具。

我們先從矛說起。矛本身就是致命的武器，在要害部位扎一下就可以結束生命。在當作死刑來執行的過程中，許多劊子手為顯示自己技藝高超，常把犯人扔到空中，再用矛挑住，特別是對付小孩子。

說到用弓箭把人亂箭射死，人們可能首先聯想到楊七郎。楊再興雖然也是被亂箭射死，但他是在戰場上。隋朝楊素的兒子楊玄感起兵反對煬帝，失敗後，他的弟弟楊積善，謀士韋福嗣、李密等被押往東都。途中李密灌醉押送者翻牆逃跑，他勸韋福嗣一

起逃跑。韋福嗣覺得自己在煬帝那裡很得寵，拒絕了。結果他和楊積善等被用車輪套住脖子，所有九品以上官員都要向他們射箭，射得全身像刺蝟一樣。武則天對投靠突厥的閻知微，也採用了同樣的刑罰。

中國有木樁刑的一個變種——木驢，那是一具橫放的鞍馬樣的小車，上面突出一根尺把長、寸把粗的木筍。不過在中國，木驢更多的是發揮羞辱的功能，凌遲犯人常騎在木驢上被推上刑場。有時騎木驢是對淫蕩女人的懲罰，把人釘死在木驢上的事也有，但很少。

十、剝皮

中國人罵人的辭典裡有一句「抽筋剝皮」，是為了表達強烈的憤怒和復仇欲望。有時候，這種可怕的欲望會變成現實。三國時的孫皓就喜歡剝人的面皮，他投降晉朝後，賈充曾問他：「聽說你在南方挖人眼睛，剝人面皮，這是何等的酷刑啊！」孫皓回答說：「臣子犯上弑君，奸回不忠，就實行這等刑罰。」賈充大概被觸到了殺害曹髦的痛處，默不作聲，面露愧意。而孫皓則神色不改，說不定還有些得意。

剝皮在明朝最為盛行，朱元璋曾下令把貪污的官員剝皮，經過揎製後填上草掛起來，或者鋪在椅子上，作為對後任的警示。明成祖奪取皇位後，也對忠於建文帝的官員實施這種刑罰。魏忠賢也用剝皮對付東林黨人，忘了是誰對他說：「反正我就一張皮。」結果魏忠賢把他剝下皮後用鹽醃了一遍，結了一層殼，好再剝第二張皮。

這個故事還有別的版本，主角換成了明成祖或嚴嵩，究竟是誰或許並不重要了。

十一、肢解

肢解的俗稱就是「大卸八塊」。古代歐洲常有把犯人的頭和手腳剁下拿到各地去示眾的事例。秦始皇曾把27個勸阻他囚禁太后的人砍斷四肢，扔在闕下。大臣茅焦不知道真是能說會道，還是僥倖遇到大王心情好，才沒去湊齊二十八宿。

呂后、武則天同秦始皇比，也巾幗不讓鬚眉。另外有拿四匹馬或馬車分別拴住四肢，驅馬把人撕裂的刑罰。這個辦法中國也有，那就是車裂，也叫「五馬分屍」。但我對五馬分屍的說法有些懷疑，除了四肢，第五匹馬應該綁在頭部比如脖子處，一勒下來犯人肯定很快斷氣，那就失去了酷刑的意義。

十二、凌遲

最後，讓我們推出壓台大戲，完全國粹、藝絕天下的死刑方式——凌遲。雖然外國也有把人一刀刀碎割的做法，但聰明睿智的中國人通過深入研究，逐步將其發展成為一門獨特的藝術。

凌遲是從遼代開始正式寫進法律的，在此之前，唐朝就屢有剮刑的紀錄。周利用害死敬暉，安祿山害死顏杲卿，都是剮。所謂剮，就是把人身上的肉一小片一小片割下來。《宋史·刑法志》上說，凌遲是「先斷其肢體，乃絕其亢」。亢是指咽喉。這樣看來，宋朝的凌遲是一種肢解刑，而不是臠割。

雖然是肢解，也同上文說到的不同。作為凌遲的肢解可以從腳趾頭、手指頭開始，一點點地割掉。比如《水滸傳》裡梁山好漢李逵凌遲黃文炳，就是這種方式。至於楊雄割自己偷和尚的老婆，先割舌頭，「一刀從心窩割到小肚子下，取出心肝五臟，掛在松樹上，又將這婦人七事件分開了」。這也是凌遲的一種。楊雄是劊子手出身，所以操刀很老練，對付老婆居然也下得了手。

凌遲發展到明朝，終於達到了登峰造極的水準。人們發現一片片臠割皮肉，比連筋帶骨地肢解更省力，時間也更久。大太監劉瑾被剮，按例該剮3357刀，每十刀一歇一喝。第一天割357刀，暫時結束時給他喝點粥維持生命，總共剮了三天。後來鄭曼被剮，聞宣讀聖旨，應剮3600刀，可見刀數並不絕對固定，但這兩例都在3000刀以上。如果劊子手技藝不高，可能犯人老早就死去了，或者犯人家屬給劊子手一些好處，劊子手也會讓他死得痛快些。清代散文家方苞就記錄過劊子手索要賄賂的事情。

凌遲一般從胸部開始，依次為上臂、大腿，再到身體各部位。有的直接用小刀臠割，有的把一張漁網緊緊蒙在犯人身上，用刀削割突出的皮肉。最精巧的凌遲技藝是用小鉤子把皮肉鉤起來，每次割指甲大小的一片。有些講究的劊子手，行刑時有徒弟端著一個托盤，一把小刀和一個鉤子組成一副專用工具。每副刀鉤對應胸、腹、背、腰、臂、大腿、小腿等不同部位，比外科醫生動手術還要複雜。明嘉靖時，有一群宮女想勒死皇帝未遂，這當然是彌天大罪，結果就全部凌遲處死了。皇后趁嘉靖昏迷不醒，乘機把一名寵妃也送上了凌遲的刑場。嘉靖蘇醒後心中痛恨不已，兩年後皇后在一場火災中神祕死亡。

清朝又把凌遲叫做「寸殛」，但似乎沒有行刑數天的記載。大概他們覺得時間太長，監刑官、劊子手、士兵、觀眾一直守在那裡實在太累，同時也不安全，所以傾向於一天內解決問題。到1905年，清政府從法律上廢止了凌遲、戮屍、梟首等刑罰，但實際上還有實施。

文明古國的凌遲固然精妙絕倫，禮儀之邦的教化更是入骨三分。紀曉嵐在《閱微草堂筆記》裡記錄了這樣一個故事：明末戰亂饑荒，公然屠宰買賣人肉。一個客人在飯店午餐，看到一名少

婦赤身裸體，被綁在案板上瑟瑟發抖，於是動了惻隱之心，願意出雙倍的價錢把那少婦贖出來。鬆綁穿衣時，客人有意無意地觸到了她的乳房，少婦正色道：「你救我的命，我終身做牛做馬都情願，但做奴婢可以，絕不做你的小老婆！我就是因為不肯事二夫，才被賣到這裡，你怎麼可以來輕薄我？」說著，她解下衣服，仍裸體躺在案板上，閉著眼等待宰割。屠夫見就要到手的贖身錢又沒了，恨得要命，活生生地從她腿上割肉。那少婦哀號而已，終無悔意。

丐　首

周德鈞

乞丐文化集中體現了底層民眾窮極無聊的生活真相，也是社會中各種庸俗取向、消極態度、懶惰哲學、流氓意識、隱士作風、痞子行徑等行為類型與思想意識的集中展現。

丐幫的首領通常稱為丐頭或丐首。丐幫因地而異，種類繁多，丐頭的名稱也五花八門。京城丐幫稱其首領為「黃杆子」、「藍杆子」；華北地區的丐幫「窮家門」，其首領則稱「當家」，其中小頭目又叫「簍子頭」；東北地區「大筐」的首領名為「落子頭」。此外，還有團頭、甲頭、頭牌、掌門、花子頭等等，名目繁多，不一而足。

丐頭是丐幫中地位最尊顯的人物，他們的行為、生活既帶有乞丐亞文化類型的某些特徵，又與普通乞丐有明顯的區別，他們的行為取向、生活方式更多的是接近主流文化的。分析丐首的行為與生活，有助於我們進一步考察乞丐文化的多層面、多樣化表現。

富埒王侯的生活

丐幫是一種自發的社會群體，其首領的產生也有其獨特方式。早期丐幫的首領究竟是如何產生的，今天已難詳知。清末民初的丐首，據學者的研究，其產生方式不外以下三種：

（一）乞丐們自己選拔推舉。這類丐首大多是身強力壯、智

力過人的強人，或者是流氓惡棍、行事蠻橫無理者，他們以財力、聲威、惡勢力震懾眾丐，從而為眾丐所服膺，被推為丐首。

（二）破落的世家子弟。有些達官顯宦、鉅賈富賈其興家時顯赫一時，其後子弟一代不如一代，終至家道敗落。有些破落的世家子弟有紈絝之氣而身無長技，最後也不得不淪落為乞丐者之流。由於他們很有些吃喝嫖賭外加燒大煙的本領，又多少有點文化，使他們順理成章地成為乞丐群中的「精英」分子，甚至丐中「豪傑」。乞丐樂得利用其勢力，擁戴這些「精英」「豪傑」執掌丐幫權柄。

（三）世襲者。在官辦丐幫中，丐頭多是世襲者。如乞丐處之「團頭」，養濟院之「院長」、「甲頭老闆」等等，多係前任丐頭的兒孫或由其指定的繼承人。這種丐頭往往一半是乞丐身分，一半是官府身分，擁有更大的權利。

作為丐幫的頭領，丐頭雖然也脫不了乞丐的身分，但是，他們實際的經濟地位和政治地位卻遠非普通人所能比，更不用說乞丐了。他們有妻有妾，生活富足，雖名為丐首而富於平民。他們個人生活闊綽，常有朝歌弦舞之樂，每逢年節以及個人壽慶婚吊，其舉事用度之排場，不僅超過普通民眾，而且可與富戶商賈比肩。

例如廣州丐幫——關帝廳人馬的丐首陳起鳳，就是這樣的。陳起鳳的個人生活，在當時的社會可以說是相當豪闊。他住在華林寺的一間精舍裡，有幾房妻妾，分住在附近的民房。他經常穿著紗綢衫褲，佩上金錶金鏈，衣襟掛上許多古玉，手執長煙筒，招搖過市。有時要登門向人道賀時，則另有長袍馬褂，儼然闊商富戶。當冬天到來的時候，陳起鳳嗜食狗肉，經常率其門人大吃香肉（在廣州，狗肉一名香肉），食必盡一大肥犬，並邀當地眾

「賢達」而有同嗜者大醉而歸。

無賴魁首、宗法家長

　　丐頭的這種富比公侯的個人生活，得益於其在丐幫中的特權地位，源自於其對丐幫之眾多成員的壓榨與盤剝。乞丐是一群赤貧無靠的人，但丐頭的位置卻是大有油水可賺。丐頭統轄一群乞丐，他本人一般不必親自沿街行乞。其個人收入除了照例向幫內眾丐收取定額之外，更主要的是向勢力範圍內的店家、鋪主、住戶分攤年節例錢。就像一方的里長村長一樣，挨戶抽稅，以換得其「照顧」，即可免去眾丐上門滋擾。當然，他們一般只挑選店家，尤其是那些生意紅火的店家，預先說好價錢，照單收付。平常百姓人家一般不抽，任由丐徒散乞零討，只是逢到哪家婚喪慶吊之事，丐頭便出面討喜錢。

　　丐頭一旦收款，便在這家門口貼上一張紙揭，或掛上一根皮鞭或杆子或旱煙管之類信物，上書一「貴府喜事眾兄弟不得騷擾」之類字樣，名曰「罩門」。有了罩門，就像有了特赦證書一般。幫內乞丐見了罩門，如小鬼見了「姜太公在此百無禁忌」一般，便須退避三舍。不過，如果店家事主不懂規矩，或不願花錢，到時定有眾多乞丐前來「拜訪」。他們也不動粗，只是擠在門前，有礙觀瞻，甚至惡言相戲，讓你生意難做，喜事不喜，你就是報官，官府也拿他們沒辦法。

　　通常，丐頭一年只出門乞討三次，一是端午節，一是中秋節，一是年關。當丐頭大駕光臨時，身邊帶三、四個嘍囉，彷彿是此地的里長村長一般。

　　丐頭權勢很大。例如某大戶人家辦喜事，不管是結婚或祝壽，一定要把丐頭請去坐上席，求他關照。丐頭或西裝革履，或

長袍馬褂，到了東家先把馬鞭掛在大門外。花子們來了，一見門外掛有馬鞭，知道頭頭在裡面，不敢撒野猖狂，東家給多少算多少，不給也走。若是東家沒請丐頭，或是得罪了他，他便把眾乞丐召來，進行一番佈置，按照各班組，分撥輪流到辦喜事的人家去攪鬧，什麼不吉利唱什麼，給錢也不走。因為丐頭打了保票：「一天的飯錢花銷由我拿，鬧出事來我擔著！」

東家一看事情不妙，趕緊拜託「勞頭忙的」前去找丐頭說情。這「勞頭忙的」與丐頭往往有關係，或許是結拜兄弟，或許是洪門袍哥、青幫同參。有時「勞頭忙的」有意不請丐頭來，事先做好了圈套，到時就派人來搗蛋，鬧得東家無可奈何，「勞頭忙的」再出面說和。丐頭價碼要得很高，經過幾番周折，基本談好了，還是要把丐頭請到廳堂，待如上賓。東家承諾派人把款送到丐頭指定的地點。這筆錢「勞頭忙的」拿三成，參加的乞丐拿三成或二成，丐頭拿四成或五成。這種敲詐生意，在丐幫內叫做「吃大頭」或「吃肥羊」。

丐頭深知乞丐的庸劣習性與無賴行徑，也深知民間對此等庸劣無賴作風的痛惡與無奈。於是，他就以調停之名、行敲詐勒索之實，從中漁利。由此發展出所謂「包鞭」、「貼葫蘆」等例討名目。眾丐按例上門索錢，丐首坐收其利。

例如，黑龍江雙城乞丐處的團頭，就是這樣在事主與眾丐間居中調停，當地每逢婚喪嫁娶以及壽慶之典，都有乞丐處的「杆子」（鞭子）掛在大門兩旁，可以避免眾丐擁到門前討要，事完之後按天數計算，付與團頭「彈壓」報酬費。若同一天辦婚喪事有數家時，團頭所得的賞賜就很可觀了。尤其逢喪主做「點主」時，須用乞丐做執使時，團頭的收入更是不菲。這些白花花的銀子全都進入團頭私囊，眾丐是沒有份的。

　　泉州丐幫的丐頭有一專利，俗呼「褙火照」，即用4×3寸的綠紙印就「水德星君」像，神像兩旁分別印「姓宋名無忌，火光速入地」的字樣。往人家門口兩邊各貼一張，每年年底貼一次，貼後向戶主要錢（火照費），每家多者給一角，貧者三分亦收，不太苛求，因其可以積少成多也。到了民國初年，外地丐首向本地丐首看齊，每逢紅、白喜事及年關亦皆貼單而索款。除此之外，泉州丐幫幫主還有一筆大宗收入——「貼葫蘆單」。此單乃一張木版印的小紙條，上印一個小葫蘆，內寫「茲領到貴府錢千百十文，前去分散五院流丐，不敢一人到此來擾，立此為據」。

　　當時，泉州城中人口眾多，婚喪喜慶，都是乞食求討的好機會。倘不請幫主，則散丐一個接著一個來乞討，主人勢將難以應付，故寧願花較大的一筆錢，以免門庭塞滿難堪的乞丐，大礙觀瞻。此外每逢四日，幫主來貼一次葫蘆單，索款頗低，每戶只一角左右而已。但是挨家挨戶地貼，收入也不少。

　　正月須過初五才可行乞，這段日子由幫主負責眾丐的飯食，否則人家可以扭打。至於每逢普度、重普或其他小節日前後，則令所屬諸丐，略分地域，挨戶求乞，但以不過分擾民為度，人家亦無甚怨言。壽慶之家如不通過丐幫幫主，擅自許願，發放乞丐銀兩者，常惹上許多麻煩。

　　可見，丐首實則是最大的痞棍和敲詐犯。

　　廣州丐幫——關帝廳人馬也有類似的情形，名之為「例捐」，也由丐頭陳起鳳出面處置。

　　過去廣州民家對於凶喜二事的喜錢（即例捐），懂事的人家，會在事先送到關帝廳的乞頭處去，領回一張上書「附城花子陳起鳳」的條子，貼在門口，以避免乞丐的滋擾。至於送給例捐的數量，富貴人家大約四、五元，中等的約兩三元，貧苦的一元

數角就可以了。如果不懂事，等到乞頭親自來到門上恭喜時，那就糟了。他會認為事主「唔俾面」（不賞臉的意思），就會乘機勒索，若不能如願以償，就一聲號令糾集群丐，在門面吵鬧不休，這時，你就是叫員警來干涉，也愛莫能助難以解圍了。

　　根據關帝廳的慣例，這筆喜錢是分作五份的，丐頭占一份，群丐占三份，其餘一份就歸當時那個員警。乞丐們領了喜錢之後，就每天來替你打掃門前。在此期間如有外人敢來滋擾，他們就會代你趕跑，保證無事故發生，一直到你辦完了事為止。

　　關於丐頭的權杖——「杆子」或「鞭子」，有種種傳說。據稱，京師丐頭所用之杆子是朱元璋所遺。當年朱元璋未起事時，曾經困頓落魄，淪為乞丐者流。某次遇到兩個乞丐，幸得他倆施以衣食，朱元璋才免於餓死。

　　後來朱元璋登上帝位，不忘二丐救命之恩，特意詔示天下，尋訪二丐，居然被他找到了，召入皇宮，欲加官進爵。不料二丐閑雲野鶴慣了，謝絕為官，決意乞討終身。朱元璋也不強求，特賜二人各持一根一尺長的木棒，棒上纏布，垂有穗，一色黃，一色藍，賜名曰「杆」。從此，這二丐仗著這根木棒，討遍天下無人阻礙。演變至後來，便成為丐首權威之象徵。有些杆子不便攜帶，就以一根極粗極長的旱煙管代行其權威。

　　乞首的權杖除杆子外，還有鞭子。

　　這條非同尋常的鞭子也有一則傳說。據稱當年唐明皇被奸臣迫害，化裝逃出宮殿，流浪江湖，落入討要的乞丐群落，交下了不少丐幫朋友，成了乞丐們的崇拜者，當上了丐頭。不久，他的皇帝身分顯露，眾乞丐跪拜真龍天子，發誓要為龍頭大哥報仇。唐明皇說：「有朝一日，重登寶殿，定要把所有奸臣壞人殺掉，讓咱們窮哥兒們揚眉吐氣！」丐幫兄弟們問：「到那時您還能認

識我們這幫窮哥兒們嗎？」唐明皇為了不忘曾共患難的乞丐，用皮條編製了一根圓桶龍形的黑皮鞭，起名叫「龍鞭」。然後把「龍鞭」掛在牆上，雙膝下跪發誓道：「這把鞭子上打官，下打臣，亦打丐幫變心人。我登基後若變心，你們任何人都可用這把鞭子打我，打死勿論。」

唐明皇留下這根龍鞭，並被敬奉為丐幫始祖。千百年沿襲下來，乞丐們見了鞭子又敬又怕。丐頭手中的皮鞭，既是其權力的信物，又是懲治乞丐的刑具。幫中乞丐有人犯了幫規，輕者驅逐出幫，重者打死勿論。

「杆子」、「鞭子」的傳說當然不足信，那不過是用皇帝的天威來強化、神化丐首權威的政治伎倆，這是封建君主專制政治的慣用伎倆，丐幫也東施效顰，借來強化自身。今天看來頗覺可笑，在封建君主專制的政治文化中，此種伎倆卻是行之有效的。

丐頭是一種權威型人物，在丐幫內部擁有絕對的權威，在處置幫內眾丐之間的衝突，處理幫內越軌或其他違規行為方面也具有最終裁決權。他們以「杆子」或「鞭子」為權力憑據，依此對幫內眾成員實施權威型統治。比如幫內甲丐與乙丐爭奪地盤搞得無法了斷，「起訴」上來，「杆子」受理之後居中調停，一經決定，不得違反，否則將受到「杆子」的懲處。再如，遇到人家有喜慶大事，丐頭便代表全體乞丐前往收取捐額。至於幫內成員有生病的，丐頭也負責指派手下買藥服侍，直至病癒為止。如有死亡，也須出面集資埋葬……可以看出，丐幫內部管理自有其固有程式，儼然是個地下王國。

古人的「守宮砂」

佚　名

　　在少女白藕般的手臂上點一顆鮮豔的紅痣，以驗證女人們的貞操，在古代是常見的，叫「守宮砂」。不明就裡的人，以為「守宮」就是守住那神聖的一方妙處。

　　實際上「守宮」是蜥蜴的一種，軀體略扁，脊部顏色灰暗，有粟粒狀的突起，腹面白黃色，口大，舌肥厚，四足各有五趾，趾內多皺褶，善吸附他物，能遊行在直立的牆壁上，就是大家常見的「壁虎」。

　　晉朝《博物志》中記載：如果用朱砂餵養壁虎，壁虎全身會變赤。吃滿七斤朱砂後，把壁虎搗爛並千搗萬杵，然後用其點染處女的肢體，顏色不會消褪。只有在發生房事後，其顏色才會變淡消褪，是以稱其為「守宮砂」。

　　有了這種傳說中效果絕佳且步驟簡單的能夠驗證女子「貞操」的方法，也不管其是否真實，一些朝代便把選進宮的女子點上「守宮砂」，作為其是否曾經犯淫犯戒的標誌。

　　在民間流傳開來，以訛傳訛，便有了以後眾多的武俠小說作者借用「守宮砂」來做的文章。據說，守宮砂只能用來驗證處女的貞操，已婚婦女是絕對不靈驗的。

　　實際上，這種辦法是在宋代隨理學的興起而得到推廣的。在宋代由於剛剛使用，經驗不足，鬧出了許多笑話，弄出了許多是非，其中有名的一個冤案出在四川。

　　事情還得從宋太祖滅後蜀講起。王全斌率軍進入四川，宋太祖諄諄告誡：「行營所至，毋得焚蕩廬舍，驅逐吏民，開發丘墳，剪伐桑柘。」然而宋軍驕縱不法，濫殺無辜達數萬人。民情洶洶，民變迭起，宋政權一面嚴懲有關人員，一面派太祖的弟弟晉王趙光義入蜀宣慰，一面承諾減賦，一面承諾拔擢人才出仕為官。所謂拔擢人才，既然屬於安撫性質，自然是以有財有勢或者有頭有臉的人士為主，至於真才實學則放在次要地位。

　　四川萬縣大富豪林宓田連阡陌，驟馬成群，自然也在拔擢之列。於是打點行裝到汴京去朝見皇上，接受宋太祖的面試，等待任命。林宓除結髮妻子外，還有五位如花似玉的侍妾。最小的侍妾叫何芳子，才18歲，原本是後蜀政權蘭台令史何宣的女兒。

　　宋朝滅後蜀，何宣不願降宋，被宋軍殺死，可憐官家小姐何芳子淪為萬縣土財主林宓的第五房小妾。林宓即將動身前往汴京，家中的所有事情都已交代妥當，唯獨對年輕貌美的侍妾放心不下。於是將心事透露給了他的好朋友，城外清風觀中的上乙真人。對上乙真人來講，這自是小事一樁。他不久就從江湖術士的手上購買了一些守宮砂，如此這般地把用法給林宓解釋一番。林宓如獲至寶，回家之後一一親自點在侍妾們的臂膀上。

　　何芳子是位千金小姐，人既甚美，讀書也多。在她為自己所描繪的人生藍圖中是希望找到個如意郎君，比翼雙飛，最終想不到卻嫁給了一個大自己幾十歲的鄉間土財主，還要和一群庸脂俗粉天天爭寵鬥氣。她本無意於這種無聊的爭鬥，但由於她年輕貌美，知書達理，氣質高貴，使得林宓天天黏著她，而冷落了那些女人，於是那些女人就結成統一戰線，處處與她為難。

　　何芳子嫁給林宓後，本來就事事不如意，天天窩著火。輪到何芳子點守宮砂了，她心不甘情不願地拒絕了這種近似屈辱的做

法。她認為從一而終，守貞固節，是女人理應遵守的本分，何必一定要有形式上的約束。倘若由於被迫而守貞，實在沒有什麼意義。儘管何芳子振振有辭，但就是秀才遇了兵，有理說不清。林岱土頭土腦，怎麼也聽不進去，而那些長舌婦的妻妾們，這時莫不以懷疑的眼光看著何芳子，嘴角邊露出幸災樂禍的神情。何芳子拗不過，雪白粉嫩的手臂上也點上了那麼一點紅。

那些女人們自林岱離家之後，一個個小心翼翼地保護著她們手臂上紅豆般大小的守宮砂痣，不敢洗滌，不敢觸碰。何芳子卻痛恨它，好像那是塗在她身上的一個污點。她滿不在乎，照樣沐浴洗滌，不久，守宮砂竟然消失得無影無蹤。

這一下，那些俗氣十足的女人終於找到了攻擊的藉口，諷刺她，嘲笑她，甚至公開罵她偷人養漢。更有不辭辛勞的，夜夜躲在何芳子的窗下偷聽，隨時準備捉住淫婦姦夫，準備看看這小婊子是如何勾引男人的。

半年以後，林岱已經奉派在汴京任職，派人前往蜀地把一妻五妾一同接來京城。當天夜晚，林岱就迫不及待地在燈下一一檢視妻妾們的守宮砂痣。當看到何芳子時，那帶著得意笑容的臉僵硬下來，一怒之下，當即就給了何芳子兩記耳光，問她這是為什麼？何芳子把頭低著，臉上沒有一點表情，牙齒緊緊地咬著嘴唇。林岱火冒三丈，下令嚴刑拷打。何芳子自知行動上沒有越軌，抵死不肯承認自己有什麼情夫。可林岱那一記一記的鞭子，把何芳子的芳心一點一點地抽碎。她徹底絕望，留下一封血淚交織的遺書，自縊而死。

林岱仍以為何芳子是羞愧而死，對何芳子以死剖白的遺書並不重視，草草地把何芳子埋掉了事。林岱在萬縣財大勢大，打死一名奴僕或冤死一個侍妾，只要花些銀子，擺平其親友家屬，便

可不了了之。然而在天子腳下的汴京城，可就是人命關天，非同小可了。林府死了個小妾，第二天便沸沸揚揚地傳播開來。開封府聽到消息，當下雷厲風行地查起案來。第一步就是開棺驗屍，發現何芳子皮開肉綻，全身都是鞭打的傷痕。接著就是提林宓前來審問，林宓無法隱瞞，一五一十地把事情經過講出來。

於是判官用林宓所剩下的朱砂，點染在三名婦人臂上，然後把一條活壁虎放在其中一人的手臂上，那壁虎瞬間就把那些守宮砂舔得乾乾淨淨。事實上守宮丹砂點在處女的手臂上，經過數日不加洗滌，或可深入皮下，再經擦拭或洗滌都不會消去，而且愈見鮮豔。就算傳說中一經房事，顏色就自行褪去。可是對於已經有過婚史的女性來說，守宮砂就毫無用處。何芳子無疑是受了莫大的冤枉。開封府尹判何芳子清白，林宓濫用私刑，逼死侍妾，免去官職，並加重罰。

由於這個案子涉及到四川地方，牽涉到安慰後蜀政權的子民，因而連中央專管刑獄的大理寺也出動了。就在大理寺準備重判林宓的時候，林宓神祕地死去，上乙真人也投湖自殺。人們十分同情何芳子的遭遇，她千里迢迢地從四川萬縣趕到汴京，卻含冤蒙屈地遊魂異鄉。於是就有人發起建一座「貞女廟」。

這座廟自宋代到現在，歷代加以重修，千年以後，至今仍矗立在河南開封南邊，有的人又叫它「守宮廟」。

既然「守宮砂」是人為加上去的，而非女子天生的，在未婚女子身上尋找所謂的「守宮砂」，只能說明某些男人的無聊與無知。同樣道理，有無「守宮砂」與貞操也毫無關係。現代人如果將傳統的謬傳當寶貝，那麼愚昧程度也就可想而知了。

還原真相

中山先生安葬前後

周描坤

　　1986年11月12日，是偉大的革命先行者孫中山先生誕辰120週年，也是南京中山陵奠基60週年。孫中山先生領導辛亥革命，推翻封建王朝75週年，又在這一年。

　　然而，中山先生逝世後，為何沒用水晶棺？為何建陵紫金山？遺體為何移南京？誰人抬奉紫銅棺？腹中內臟存何處？墓內有無隨葬品？葬後密封誰督看？大量禮品是否在？遺體到底在何方？抗戰時，蔣介石移靈重慶之事為何落空？幾十年來眾說紛紜，莫衷一是。我帶著這一連串問號，特地採訪了孫中山生前貼身衛士范良。

　　范老先生今年八十有二，他是目前唯一在世的孫中山生前的貼身衛士，又曾在孫中山逝世後參加過建陵工作，安葬時抬過靈柩，安葬後長期守陵，是孫中山葬事的歷史見證人。

　　周：孫先生1925年3月12日與世長辭後，他的遺體一度安放在北京，為什麼後來在南京建造陵園？

　　范：這是孫先生的生前遺願，也是全國人民的共同願望。解放後，孫先生辛亥革命時的衛隊長郭漢章來找我，談起孫先生在南京選墓址的事情。那還是先生在南京任臨時大總統期間，有一次他帶郭漢章騎馬去紫金山郊遊，路過明孝陵時，讚歎這一帶不僅風景優美，而且風水也好，北有橫臥的大山，南瀕明湖清溪，可謂「山高水長」，便對郭說：「我身後能夠在此向人民討一塊

地作墓，死亦足矣。」這就是建陵南京的來歷。

周：據說孫中山先生死後內臟全被取出了，確有此事嗎？內臟被人盜走之說，又是怎麼回事？

范：前者是事實，被盜屬謠傳。當時先生曾有囑咐，要求死後將五臟做病理解剖，因為他是醫生出身，知道解剖的價值。後來解剖時醫生發現先生得的是肝癌，事後內臟單獨進行了火化，現存放在紫銅棺內。抗戰期間，南京中山陵臥像前出現一樁怪事：汪精衛從北平協和醫院迎來「先生內臟」，當時引起海內外極大關注。

抗戰勝利後，蔣介石派鄭介民中將來中山陵調查此事，問我這到底是怎麼回事，要我寫份詳細報告報蔣介石。我下墓穴揭開玻璃罩，打開紅布蓋著的五隻玻璃瓶，上面寫著孫中山先生五臟切片模型，在我之前竟無人敢下去看個究竟。事後蔣介石召見，我向他彙報了此事，並向當時《中央日報》提出了抗議，不找當事人就發失實新聞。最後，經過奉安委員會各委員簽字，此樁奇案方告結束。

周：有消息說，孫先生的遺體原來準備永遠供後人瞻仰，最後為什麼密封了？

范：本來是有這個考慮，蘇聯政府還專門送來了水晶棺。所以，開始，孫先生的遺體存放在裝滿福馬林的楠木棺材裡，當時他只穿麻織的短袖襯衣和短褲。遺憾的是後來遺體接觸了空氣，發現局部變質已無法完好保存，蘇聯的水晶棺也沒有用上，只好留在香山孫先生的紀念館供人參觀。遺體南移時，又將楠木棺換成義大利進口的紫銅棺。

不過，也有一種傳聞，而且也登了報，說是張作霖的部下被北伐軍逼到香山，他們揚言再進攻就焚毀孫中山的遺體。守靈者

於深夜偷偷地將遺體從楠木棺中取出，存放在附近的山洞裡，以致遺體變質。這不過是傳聞，我沒有親眼看到。

周：你剛才說的那具楠木棺，還在嗎？

范：楠木棺材連同那套麻織衣褲，都封存在北京碧雲寺孫先生的衣冠塚內。

周：1929年5月，南京中山陵第一期工程——靈寢竣工，定於6月1日舉行奉安大典，當時去北京移靈的有哪些人？

范：5月下旬，政府派出8名衛士前去北平移靈。這裡還有個巧合，孫先生在世時，貼身衛士共8人，這次移靈又是8人，後來我們在南京接靈正好也是8人。其中的奧祕我至今還沒有弄明白。

周：或許是八大金剛吧？

范：（笑）也許是吧。史達林元帥和鐵托元帥等偉人的靈柩都是高級將帥親自護送，而我們最高的只是校官，我當時是上尉，我們8名衛士是從先生80名生前衛士中挑選出來的。先生逝世後，80名衛士一度成為蔣介石衛隊的一部分，中山陵成立拱衛處之後，又擔負拱衛陵墓的任務。

周：孫先生的紫銅靈柩是用什麼方法運到南京的？除了8名衛士，還有什麼人抬靈？

范：先生的遺體是用火車運來的，抬棺材的是清朝抬過皇帝和皇親國戚的後代，總共128人，棺材前後各64人。從香山到北平車站和陵前廣場到靈寢前平臺，都由他們抬。這些人抬棺水準很高，不論是平地還是上下坡，前進中棺材始終是水平的，一點也看不出震動。從北平運到浦口後，就送上一艘軍艦橫渡長江，到中山碼頭後，用一輛特製的靈車運到國民黨中央黨部（現南京湖南路江蘇省軍區）大禮堂。

周：請你詳細介紹一下奉安大典和下葬密封時的情況。

范：遺體運到湖南路中央黨部大禮堂後，舉行了三天公祭。6月1日，靈車從湖南路開出，緩緩地駛向中山陵。參加送葬的人民群眾、外國使節達20萬人之多，其中也有不少是孫先生的日本友人。數十里長的馬路兩邊也都擠滿了群眾。

周：中山碼頭和中山路都是為移靈趕修的，對嗎？

范：不錯。從下關中山碼頭到紫金山南麓這條馬路都是當時修建、命名的，中山門也是由原來的朝陽門而改的。

6月1日那天，宋慶齡和宋氏全家、蔣介石和國民黨政府的所有要員都參加了奉安大典。

大典後，隨著陣陣軍樂，我與另外7名衛士，緩緩地走近靈柩，抬起棺體兩邊的銅環，慢慢地進入靈寢，然後用繩子將靈柩吊入圓形墓穴，通過銅梯來到墓穴底部，再將靈柩移正。原來有一個特製的銅梯，長5米，也就是圓形墓穴的高度。製作銅梯本來是供人瞻仰遺容用的，可惜遺體沒保存好，銅梯也就失去了作用。

周：紫銅棺的形狀大小您還記得嗎？墓內有沒有珍寶之類的隨葬品嗎？

范：印象很深，大小與北京那具水晶棺差不多，約1釐米厚，上面是水晶玻璃蓋。透過水晶玻璃，只見孫先生身著黑色馬褂、藍色長袍，腳上是黑色布靴，神態安詳地仰臥在藍色的彈簧墊上，身體兩邊用許多絲綿球固定，兩腳中間安放著一隻約33釐米高、直徑20釐米左右的大口康熙年間瓷瓶，裡面存放著火化了的內臟，用一塊紅色綢布紮口。密封前，又蓋上了紫銅棺蓋，棺蓋上面刻有梅花圖案，很精緻。

6月2日上午開始密封，前後5天。墓穴四周為花崗石墓壙，墓壙外邊是一尺多寬的隔層，再外邊還有一道堅固的牆面。密封

位置在墓壙的中部略靠上，先用鋼筋條，鋼筋條上面是鋼絲網，箍緊後又鋪一層油毛氈，最後用混凝土密封。這樣，上部為日本著名雕刻家高琪所精心雕刻的孫先生臥像，下部是孫先生長眠的紫銅棺。密封工作非常細緻，我始終在現場。墓內、棺材裡沒有隨葬品。

周：不久前香港《文匯報》刊登了關於我國有關部門用現代先進儀器測定，孫中山遺體已縮短了一寸左右，其他一切完好的消息，您是否知道此事？

范：這件事我也覺得奇怪，有關中山陵的活動，一般都要通過陵園管理處，然而這件事我們管理處的一千多名幹部、職工卻一個都不知道。上星期香港《文匯報》一位記者來，我問他這則消息的出處，他只是說「確有此事」，但沒有正面回答我。

所以，我們都認為在國家有關部門沒有證實之前，只能當作「參考消息」，究竟中山先生的遺體有無縮短，是否完好，有待測試證實。

周：中山陵規模宏大，氣勢雄偉，是我國建築史上的一大奇蹟。請問主要設計人是誰？

范：著名建築師呂彥直先生。他還為建陵獻出了生命。原來在靈堂的西南休息室裡還有他的浮雕像，于右任在浮雕上題詞：「呂彥直建築師建築陵宮積勞病故，特志紀念。」抗戰後，浮雕不翼而飛。

周：這個工程耗資不少吧？

范：當時設計興建中山陵全部造價為白銀400萬兩。在1926年3月12日正式奠基以前的籌建過程中，得到了全國人民的擁護和支持，各族人民特別是海外華僑捐獻的款項共有460萬兩，超過了全部造價。華僑還在中山陵周圍興建了光華亭、流徽水榭等

紀念建築，在紫金山紫霞洞前建造了大水塔，利用山水灌溉花木，以點綴風景。

周：蔣介石一度想把孫中山的遺體移到「陪都」重慶，這個傳聞有沒有根據？

范：是有這回事。蔣介石對中華民族帶來的災難是眾所皆知的，但在抗戰時期也做過對中華民族有益的事。他對先生的感情還是比較深的。侵華日軍攻破上海、蘇州兩道防線，蔣介石曾想把先生的遺體帶到重慶去。當時設計陵墓的工程師認為陵墓比較堅固，再移靈怕損壞靈柩和遺體，移靈之事遂沒能如願。

說實在的，要移也是可以的，從墓穴周圍的隔層下去，在旁邊打洞取靈柩不是很困難的事。我想主要還是工程師不願破陵，同時也考慮到日本懾於世界輿論的壓力，諒他們不敢在孫先生的靈墓上輕舉妄動。

歷史證明這個分析是正確的。國民黨撤離南京前夕，林森到中山陵對我們說：「總理遺體不能移動，你們要保護好總理陵墓。」80名衛士都在「與陵墓共存亡」的誓言書上簽了字。

周：八年抗戰期間，中山陵只留下一個拱衛班，其餘衛士都到哪裡去了？

范：1937年秋，南京告急，所有非作戰部隊全部離開南京，只留下12人繼續守陵，其餘都編入南京城防司令官唐生智的部隊。我也於日軍佔領南京的前五天（11月5日）調赴重慶，後到成都航空委員會政治部二科任第四組組長，直到抗戰勝利後的1946年6月才重返中山陵。

南京解放前夕，我擔任了中山陵拱衛處代理處長。此後接到了陳毅司令員讓我繼續守陵的命令。解放軍渡江後派了一個連隊和我們一起保護戰時的陵園，直到現在我還沒有退休。

蔣介石出任黃埔軍校校長始末

孟昭庚

坐落在前清虎門、長洲要塞附近的黃埔島，四面環水，隔絕城市，地當樞要，實為軍事重地。孫中山認為該島便於興學習武，決定利用設在島上的原廣東陸軍學校及海軍學校的舊地，創建國民黨陸軍軍官學校，通過軍校訓練出一批革命軍人。軍校因該地得名，這就是中國現代史上赫赫有名的黃埔軍校。

黃埔軍校校長，在當時的國民黨內並非是特別顯赫的職位，然而對蔣介石來說，擔任黃埔軍校校長，卻是他政治生涯中一個具有決定意義的舉動。正是以黃埔軍校校長為跳板，蔣介石才得以飛黃騰達，走上青雲直上的道路，進而躍向權力的巔峰。

蔣介石出任黃埔軍校校長，並非如一般人所想像的那樣順理成章。黃埔軍校校長人選，開始也並非是蔣介石。而此位最終為蔣介石所得，是其經一波三折才獲得的。

赴蘇俄考察

1922年8月下旬，共產黨人李大釗自北京來到上海莫里哀路孫中山的寓所，與孫中山討論振興國民黨、振興中國的問題。

此時的孫中山，終從陳炯明的叛變中醒悟：單純利用舊軍人、舊軍閥去打倒另外的軍閥的道路行不通，必須依靠工農大眾，聯合共產黨，改造國民黨，走新的道路，否則國民黨將會在墮落中死亡。

同月，孫中山通過李大釗，邀請共產國際代表馬林，在由國民黨主要人員出席的會議上，闡述發動群眾運動和改組國民黨的意見。孫中山決定「以俄為師」，派代表團去蘇俄考察，以便建立一支新軍。

1923年2月21日，孫中山由上海回到廣州，準備重建廣東革命根據地。當天在東郊設立陸海軍大元帥府，任命蔣介石為大元帥府參謀長，命其速來就任。

1922年陳炯明叛變後，孫中山任命許崇智為東路討賊軍總司令，蔣介石為參謀長，計劃取道閩南攻擊潮汕，直搗陳炯明老巢惠州。因此次軍事出擊行動流產，蔣介石便回其老家浙江奉化溪口逍遙去了。蔣介石接到命電，卻遲遲不歸，直到4月20日才抵達廣州就任。然而，到任不足3個月，因為不稱心，便於7月20日「憤而辭職」，離開苦戰中的孫中山，避居香港。

身居香港鬧市的蔣介石，聽到孫中山與蘇俄代表協商已定，將組團赴蘇俄考察的消息，怦然心動，遂將目光投向了遙遠的俄羅斯。他按捺不住心頭急迫，立即給大元帥府祕書長楊庶堪寫信，毛遂自薦，表達自己急欲赴蘇考察的強烈心願：「為今之計，舍允我赴歐外，則弟以為無一事是我中正所能辦者……如不允我赴俄，則弟只有消極獨善，以求自全……」

國民黨組團赴蘇俄考察，主任代表即代表團團長的人選，最有資格的莫過於廖仲愷。廖仲愷最積極支持孫中山的「聯俄、聯共」政策，也是最受孫中山信賴的忠誠同志，實為孫中山左右的核心人物。也許是廖仲愷要隨時協助孫中山處理政務，實在難以脫身率團，也許是為了安撫蔣介石的情緒，孫中山最後答應由蔣介石為主任代表，率「孫逸仙博士代表團」赴蘇俄考察軍事。代表團成員為王登雲、沈定一，以及共產黨人張太雷。

135

後來蔣介石得以出任黃埔軍校校長，與被派赴蘇俄考察有很大的關係。

1923年8月16日，蔣介石一行乘「神田丸」號輪船自上海出發至大連，乘火車由東北出境，經西伯利亞鐵路，於9月2日下午一點抵達莫斯科，開始對蘇俄新式軍隊進行實地考察。

在蘇考察期間，蔣介石代表孫中山跟蘇俄政府交涉援助廣州革命政府的若干事宜。

同年11月29日，代表團循原路線回國。

負氣出走

蔣介石於12月15日上午9時回到上海，隨即去拜訪了盟兄張靜江。當天下午，給孫中山寄了一份《遊俄報告書》之後，便登船回奉化老家。

孫中山對蔣介石此舉很不滿意。這期間，蘇聯派駐廣州的常設代表鮑羅廷早已到達，計劃籌辦軍校已有了眉目，孫中山有意讓蔣介石出任軍校籌備委員長，可蔣偏偏不來。孫中山於12月30日打電報給蔣介石：「兄此行責任至重，望速來粵報告一切，並詳籌中俄合作辦法。」

軍校招生、考試在即，但在廣州仍見不到蔣介石的身影。孫中山火燒眉毛，便讓廖仲愷、汪精衛、胡漢民等人連發6封電報催蔣南歸。

蔣介石接到電報，繼續在溪口慈庵待了兩週，終日拂案焚香，繞塋撫樹，直到1924年1月16日才回到了廣州向孫中山覆命。1月24日，蔣介石受命為軍校籌備委員長。

此時，適逢國民黨第一次全國代表大會在廣州舉行。羊城內外，喜氣洋洋，宣布創辦黃埔軍校的消息不脛而走，給這喜慶又

添一重歡快的氣氛。

　　蔣介石雖然也出席了國民黨第一次全國代表大會，但在165位代表中，備受冷落，大會選出的中央執行委員24人中也沒有蔣介石。候補中央委員17人中，有共產黨人林伯渠、毛澤東、張國燾、瞿秋白等，也沒有他蔣介石的名字。蔣介石不算是浙江省的代表，浙江代表6人，其中3人由孫中山指定，另3人則由該省黨員選舉產生。

　　蔣介石心中悶悶不樂，他又想到孫中山只是委任他為軍校籌備委員長，並沒有明確宣布他為軍校校長，同時參與籌建的人中，有好幾位功高資深的，叫誰當校長還很難說。他一氣之下，於1924年2月21日留書請辭，連照面都不打便「怫然而行」。

　　孫中山看了中央執行委員會轉來的蔣介石的辭呈，不覺一怔：唉，這個蔣中正！去年派他赴蘇俄考察，就指望他回來挑這副擔子，可回來也不馬上覆命。本黨改組剛剛完畢，這樣隨便，如何可以？便提筆在蔣的辭呈上批了這樣幾句話：「該委員長務須任勞任怨，勉為其難，從窮苦中去奮鬥，百折不回，以貫徹革命黨犧牲之主張。所請辭職，礙難照准。」

　　孫中山不准蔣介石辭職，而蔣介石也並不是真的要辭職，於是他便上演了一場討價還價的鬧劇。

　　蔣介石撂挑子，還受其政治心態的支配：他極不贊成孫中山「聯俄、聯共」的政治主張。國民黨第一次全國代表大會改組國民黨，就是要聯俄、聯共，學習俄國人的方法，走俄國人的道路。孫中山態度很明確：「我黨今後之革命，非以俄為帥，斷無成就。」正是在這個根本的原則問題上，蔣介石跟孫中山產生了分歧。他在《遊俄報告書》中就曾毫不諱言地表示：「俄黨無誠信可言，與英、法、美、日這些帝國主義比起來，也不過只是五

十步與百步之差。」

現在，令他難以容忍的是，共產黨進入了改組後的國民黨中央領導機構，譚平山當上了組織部長，林伯渠當上了農民部長，毛澤東當上了中央宣傳部代理部長，而他蔣介石卻在改組後的國民黨中央沒有得到相應的地位和權力，只是在中央執行委員會下屬的軍事委員會中擔任一個委員，遠離權力中心。其對孫中山心懷不滿就可想而知了。

蔣介石於1924年3月14日致函廖仲愷，抱怨廖「專以順從」孫中山的「聯俄、聯共」政策，露骨地批評廖「過信俄人」，說「俄黨對中國之惟一方針，乃在造成中國共產黨為其正統，絕不信吾黨可以與之始終合作，以互策成功者也」。最後聲稱：「如仍以弟言為不足信而毫不省察，則將來恐亦不免墮落耳。」

周恩來在20世紀40年代也曾說過：「蔣介石開始辦黃埔軍校時，表面上贊成革命，但他的思想實際上是反共反蘇的，並不是真心誠意地與共產黨合作。」

此時，蔣介石似已看出，在蘇俄扶助下的中共，將是對他將來權力的嚴重威脅，他之所以未敢公開提出清黨反共，只是當時尚未羽翼豐滿。

討價還價

當蔣介石帶著嬌妻陳潔如來到上海西藏路張靜江公館時，張靜江顯得非常訝異。軍校3月21日即將舉行入學考試，而這個入學考試的委員長不在廣州黃埔坐鎮，卻跑來上海。他不解地問蔣：「介石，中山先生器重你，委託你辦軍校，也就是將本黨之命脈交由你，責任重大，你理應盡力才是，怎麼在這個節骨眼上來上海？你若手頭吃緊，我可以再資助你一些。」

「我個人倒不缺錢，」蔣介石憤憤不平、牢騷滿腹道：「黃埔島那個彈丸之地，一片荒涼，白手起家辦軍校談何容易！今天去催糧，明天去借錢，滇軍第三軍軍長范石生竟敢指著我的鼻子奚落我。還有，大本營那個禁煙督辦楊西岩竟目中無人，膽敢拒絕撥付軍校的開辦費！巧婦難為無米之炊，罷了，我還去當許崇智的參謀長，帶兵打仗吧！」

「中山先生不是讓你當軍校籌備和入學考試委員長了嗎？」

「靜兄，你只知其一不知其二。中常委打算讓孫先生兼任校長，而孫先生屬意程潛和許崇智，只讓我和李濟深為副校長，我實在不願意給人家做嫁衣裳！」

蔣介石這句話，總算讓張靜江明白他負氣出走上海的真實意圖，他是在以退為進，給孫中山施加壓力，是在要脅孫中山。

「你回去，」張靜江見自己盟弟受如此委屈，便一拍桌子：「我馬上給孫大炮寫信，校長之職非你莫屬，我的話他不會不聽，一定叫他讓你當校長！」

「反正我已向總理提出辭職了，先回奉化看看動靜再說。」

「對！」張靜江馬上慫恿道：「他不委任你為校長，你就不要出山。」

張靜江、蔣介石都曾是上海證券交易所的經紀人，兩人義結金蘭，換帖拜把，情深義篤，利害相關。剛才張靜江對蔣介石講的那番話並非口出狂言，他與孫中山的交誼確非尋常。

早在1902年5月，孫中山赴歐美向華僑募捐革命經費，在輪船上邂逅浙江湖州四大富豪之一的張家公子張靜江，他當時正赴法國出任清廷駐法國公使館一等參贊。孫中山見張靜江雖也算朝廷命官，但官位不高，且尚年輕，談吐不俗，便將自己的真實姓名和推翻清廷的革命主張相告。

139

經說服、引導，張靜江願意參加孫中山的組織，當即慷慨表示，願以白銀3萬兩相助，讓孫中山憑其親筆信到紐約通運公司找姚叔蘭（張的妻舅）提取。3萬兩白銀，這在當時可算是一筆驚人的數目。孫中山到了美國，果然憑信取得白銀3萬兩。以後，張靜江對孫中山繼續疏財相助，孫中山對他雖說不上言聽計從，卻也十分重視。

蔣介石原以為他這一走，可以使軍校辦不起來。然而，在蔣負氣出走後，孫中山即命廖仲愷代蔣職，繼續籌辦軍校事宜。同時，於2月29日親自電督蔣介石復職，內稱：「軍官學校以兄擔任，故遂開辦。現在籌備既著手進行，經費亦有著落，軍官及學生遠方來者，逾數百人，多為慕兄主持校務，不應使熱誠傾向者失望而去。」

孫中山發完電報，又於3月17日將拒撥開辦費的禁煙督辦楊西岩，免職查辦。按理說，這已是給足了蔣介石面子，他該回任了吧？可還是沒有。他私下裡向別人透露，本人的「行止不應以楊西岩免去而定」。很明顯，他只不過是借楊西岩不撥經費為發難之藉口罷了。

3月2日，蔣介石給孫中山寫了一封長信，開首之言，不外是「知遇之隆，並世稀有」這類的奉承話，接下來筆鋒一轉，便端出了陳其美（陳英士）。

陳其美的確是孫中山的信徒，孫中山搞中華革命黨，要黨員按手印向他個人效忠，連黃興這樣老資格的革命黨人也表示拒絕，而陳其美則二話沒說。蔣介石正是由陳其美介紹並監督而加入同盟會的。辛亥年，蔣介石在杭州舉事成功後赴滬，出任陳其美的滬軍第五團團長，遂跟陳其美換帖拜把結為兄弟，這是蔣介石生平多次結拜異姓兄弟之第一例。

後來，在孫中山最倒楣的時刻，在許多老朋友紛紛離他而去的時候，經陳其美引薦，蔣介石才得以單獨拜會孫中山，始與孫直接牽上線。於是，他在信裡標榜自己與陳其美的關係，希冀以此打動孫中山。他寫道，自己與陳其美「萬古交情，雖手足之親，未足間其盟契；骨肉之摯，不能逾其恩義。肝膽相照，可質天日」。而盟兄對他「信之專，愛之切，而知之深也」。接著便和盤托出自己侍奉孫中山於永豐艦的事來。

那是在陳炯明叛變後，蔣介石從上海趕到廣州，冒險登上永豐艦，護衛孫中山，率海軍與叛軍對抗，深得孫的好感。蔣介石頗有心計，不僅讓人拍下了孫中山坐在籐椅上、自己身著戎裝威武地站在孫中山身後的照片，而且事後還寫了一本《孫大總統廣州蒙難記》的書。

孫中山不僅為該書作序，稱蔣介石「日侍予側，而籌畫多中，樂與予及海軍將士共死生」，並且還對外國記者說：「蔣某此來，不啻增加兩萬援軍也。」這也就成了蔣介石在國民黨內嶄露頭角的一筆豐厚的政治資本。這次他又舊事重提，說有幾人能像他蔣某這樣對先生忠心赤膽、生死與共呢？

一番表功之後，他便將話挑明了：「如吾黨同志果能深知中正，專任不疑，使其冥心獨運，布展菲材，則雖不能料敵如神，決勝千里，然進戰退守，應變致方，自以為有一日之長，斷不致臨時紛亂，乃陷危境……」最後，他進一步要求：「先生不嘗以英士之事先生者期諸中正乎，今敢還望先生以英士之信中正者而信之也。」

蔣介石在信中答應孫中山於日內起程。實際上，他是先應付過去，至於何時動身，還要等待火候。

見好就收

蔣介石出走之後，黃埔軍校一應籌備事務，全攤在廖仲愷身上。但蔣介石掛著名，許多事情不經過他又不好決定，可他又遲遲不歸。廖仲愷最後也有些忍耐不住了，不得不於3月26日電蔣：「轉介石兄，歸否？請即覆，俾得自決。」

言下之意，來與不來必須明白回話，不要說來而又不動身。不來，這邊即另行考慮。

事實上，蔣介石自交辭呈後，粵滬兩方不斷地往奉化函電相催，說盡了好話，不斷滿足他的具體要求。他的另一盟兄胡漢民曾兩次致函蔣介石，勸他見好即收，再消極下去恐怕物極必反。

至此，蔣介石也知道，軍校不會因他辭職而不辦，遂以婉轉的語氣給廖仲愷覆電：「函電敬悉，弟必來粵，勿念。」並在電報中對校務做了一些安排。

因尚未獲悉孫中山是否決定委任其為校長的準確消息，所以蔣介石又拖了一些日子，孫中山實在等不及了，不得不命粵軍總司令、蔣的盟兄許崇智去奉化找他，並交代說，無論什麼理由，蔣必須立即返回。顯然，孫中山也生氣了。

許崇智絕非等閒之輩，其祖父曾為前清浙閩總督，他本人從日本士官學校畢業，清末就官至協統，資歷比蔣介石深多了。這個「王孫公子」還是頗有智謀的，他摸準他的參謀長蔣介石的脾氣，便來個請將不如激將。

蔣介石見總司令、盟兄親自到奉化，心頭竊喜，但表面上仍是言不由衷地進行試探：「我寧願一輩子輔佐你總司令鎮守南關，黃埔那份差事讓廖仲愷、程潛、李濟深他們去逞能吧，要槍沒槍，要錢沒錢……」

未等蔣介石發完牢騷，許崇智便搶過話頭：「你再在溪口雪

寶山裡待下去就迷糊了，世上的事全不知曉了。告訴你，孫先生已經跟蘇俄要了幾千條槍，正由海路朝廣州運呢，還有大批款項，四周軍閥都紅了眼。你倒好，聰明一世，糊塗一時，把個聚寶盆拱手相讓！」許崇智一本正經地警告蔣介石：「你要再不回軍校，可就坐失良機了。孫先生已經發話，若你此次不跟我回去，校長一職將考慮他人！」

蔣介石聚精會神地傾聽著，一雙機警的眼睛盯住許的臉，內緊外鬆地淡淡一笑，問：「先生物色了些什麼人？」

許崇智品了口茶，不緊不慢地拍了一下胸脯：「不瞞你老弟說，在下就是一個，可我不能奪自家兄弟的位子。」

孫中山擬讓許崇智出任軍校校長，而許崇智又不願幹這份差事，蔣介石早有所聞，現在他所要急需知道的是還有些什麼人在跟他爭這個寶座。

許崇智從蔣介石的臉色上覺察到他已動心了，便漫不經心地放低聲音說：「先生見我不肯幹，又提出要破格提拔你司令部那個上校參謀陳翰譽來當。」

「陳翰譽，他有什麼資格當軍校校長？」蔣介石黑著臉，幾乎是拍著桌子吼道。

「資格倒說不上，可你別忘了，他老子陳樹人可是國民政府軍事部長，跟孫先生過從甚密。再說陳翰譽比你年輕，也還有幾分才幹，頗受先生賞識，說他是後起之秀。還有孫先生的衛士隊大隊長姚觀順，也在躍躍欲試，先生也有意於他，他可是護駕有功之臣噢！」

「哼，姚觀順！」蔣介石從鼻子裡輕蔑地哼了一聲，說：「一個華僑，匹夫之勇，連講武堂都未進過，哪裡懂得辦現代軍校。既然孫先生看不中我，我乾脆再也不回廣州了！」

「你看你，怎麼這麼講？你不幹，總得有人來幹吧！」許崇智目光炯炯地盯著蔣介石的臉，見火候已到，便轉換話頭：「但先生對於你畢竟是偏愛的，本來就有意讓你辦校治軍，再加上你那個盟兄張靜江，又是寫信又是拍電報，這麼一鼓動，先生也就決定由你為軍校校長了！」

「那李濟深呢？」

「他只當個教練部主任，季陶兄當政治部主任！」

聽到這裡，蔣介石這才鬆了一口氣，知道自己此次所用的欲擒故縱之計，已獲得成功了，禁不住臉上閃過一絲不易被人覺察的笑意。

終任校長

蔣介石是千呼萬喚始南歸，終於在1924年4月21日心滿意足地回到廣州，於26日到黃埔軍校辦公。

5月3日，孫中山正式任命蔣介石為黃埔軍校校長兼粵軍參謀長，並允諾給予他興辦軍校方面人事與財政上更多的權力。廖仲愷亦於5月9日正式出任黃埔軍校中國國民黨代表，孫中山自兼軍校總理。

在孫總理、廖黨代表之下，蔣介石名列第三。直至次年，孫、廖相繼辭世後，蔣才真正坐上了黃埔軍校第一把交椅。

黃埔軍校是國共合作的產物，是在蘇俄大力支持下創辦起來的，根本制度效法蘇聯。著名共產黨人周恩來出任軍校政治部副主任（次年，即1925年3月升任政治部主任兼軍法處處長），擔任政治教官的共產黨人還有惲代英、蕭楚女、包惠僧、高語罕等人，另外還有蘇聯顧問和教官數十人。

蔣介石雖然隱憂共產黨勢力的發展將是他的心頭大患，但儘

於中共在黃埔軍校的力量，同時也為了獲得中共和蘇聯的更大支持，以便使自己在國民黨內能迅速崛起，所以上任初始，他一再聲稱自己對共產主義絕無異議，是極為贊同的，並公開發表言論說：「我們要黨成功、主義實現，一定要仿傚俄國共產黨的辦法」、「三民主義之成功與共產主義之發展，實相為用而不相悖」、「中國革命是『世界革命中的一部分』、世界革命不能無共產主義」、「國民黨、共產黨不可分，而應合」，甚至還當眾詛咒發誓，願「為國民革命、三民主義、共產主義而死」。

由於蔣介石表演得天衣無縫，確實迷惑了世人，一時間，黃埔軍校被稱為「紅色黃埔」，蔣介石亦被譽為「紅色將軍」。

「搶救大陸學人計畫」的破產

龍　文

1948年11月和1949年1月，陳布雷、戴季陶相繼自殺。3個月內，蔣介石連失兩位股肱之臣，使他聞耗悲痛，終夜唏噓，這一切都預示著蔣家王朝末日的來臨。蔣介石絕不甘心，他要繼續爭奪，自己得不到的也絕不能留給共產黨。

因為自己的身邊已人才凋零，退守臺灣也總是需要一些文人來支撐門面，更何況將這些人才留給共產黨更是助長赤焰。無論如何，也要做拚死一搏。於是蔣介石即著手制定了「搶救大陸學人計畫」。

胡適之──蔣介石擬定的搶救名單中第一人

1948年1月底，平津形勢趨緊。南京方面朱家驊、傅斯年、蔣經國等在蔣介石授意下，磋商謀劃「搶救」平津學術教育界知名人士的辦法。13日，蔣介石專門派大員飛抵北平勸胡適南下，但胡適以正忙著籌備北大50週年校慶為由不肯南下。第二天，蔣介石聞訊兩次親自打電報催促胡適飛南京，說時間緊迫，不容再拖延。並於14日再次派出專機飛北平，實施緊急「搶救計畫」。

「搶救」對象首先便是胡適、梅貽琦（清華大學校長），其次是平津的知名教授如陳寅恪、陳垣、毛子水、錢思亮等。事已至此，胡適這才下了走的決心。同時，胡適還力勸輔仁大學校長陳垣一起走，陳垣表示不走，胡適的小兒子胡思杜也表示想留在

親戚家。當時胡適想小飛機也帶不走多少人，就同意了。

12月15日，陳寅恪、毛子水、錢思亮、英千里等人分乘兩架飛機抵南京明故宮機場，王世傑、蔣經國、朱家驊、傅斯年、杭立武等在機場迎接。次日中午，蔣介石便在官邸設午宴為胡適一行接風。

12月17日，北大50週年校慶，正值胡適57歲生日，蔣介石夫婦在黃埔路官邸再設壽筵，宴請胡適夫婦。蔣介石平日請客從不備酒，那天特為胡適備酒賀壽，可謂破格示敬。也許正是出於蔣介石對他本人的誠摯無偽的禮敬，胡適不得不從心底裡——或者說從文化心理深處——感到有從道義上全力支持蔣介石的義務，即所謂知遇與感恩。

這也是胡適晚年在政治上始終不能與蔣氏分手的重要原因，儘管他本人對國民黨似乎是始終沒有過好感。胡適在中國公學的吳姓學生（健雄？）兩次勸胡適留下，但話不投機，不歡而散。

就在胡適與陳寅恪等人飛離北平後的第六天，1948年12月21日，清華大學校長梅貽琦率領第二批被「搶救」的學人飛離北平，抵達南京，同機者有李書華、袁同禮、楊武之、江文錦等人。梅貽琦對記者抱怨機場跑道太軟，似是有可以多載幾人而不能之意。國民黨政府立即授予他教育部長之職，可幾天後他便辭職，成了國民政府歷史上最短命的教育部長。梅自稱是未能將大部分的北平教授接運出來，他感到慚愧。實際上，卻是相當一部分學人並不願意搭乘國民黨的飛機飛離北平，這裡面有著學人們對文化氛圍的眷戀，但更多的是強烈的愛國之情。

這段時間，共產黨方面也未放棄對胡適的爭取，至少希望他不要離開北平，不要離開北大。

在胡適還沒有決定離開北平時，西山一帶的中國共產黨的廣

播電臺，已經明確宣布：只要胡適不離開北平，不跟蔣介石走，中共保證北平解放後仍讓胡適擔任北京大學校長和北京圖書館館長。北大同仁與下屬也有勸胡適留下的，但胡適只是搖搖頭，還是決定走。勸得急時，他留下三句話：「在蘇俄有麵包沒有自由；在美國又有麵包又有自由；他們來了，沒有麵包也沒有自由。」後來有朋友傳達了毛澤東主席給胡適的一個口信，說：「只要胡適不走，可以讓他做北京圖書館館長。」但胡適聽後，只冷冷地回了一句：「不要相信共產黨的那一套！」

1952年2月，毛澤東在接見政協的知識份子代表時，說了一段對胡適蓋棺定論的話：「胡適這個人也真頑固，我們找人帶信給他，勸他回來，也不知他到底貪戀什麼？批判嘛，總沒有什麼好話。說實話，新文化運動他是有功勞的，不能一筆抹殺，應該恢復名譽吧。」毛澤東顯示了大政治家的胸懷，也是表示對胡適已無爭取的可能。

如果說在爭取胡適這一回合中蔣介石占了上風的話，那麼還有幾個人都是老蔣難啃的硬骨頭，讓老蔣賠盡了老臉。

怕吃小米怕買不到安眠藥，陳寅恪才隨胡適一道南遷

胡適的風頭，令人容易忽略了這樣一個細節，這一天與胡適一同登機抵達南京的還有清華大學歷史系教授陳寅恪及他的一家。這位並非熱點人物的教授，其名字排在胡適之後作為社會新聞公之於眾。在國民黨「搶救學人」的計畫中，陳寅恪離開北平，並不像胡適離開北平那樣有許多政治上的意味，而是由於生活習慣使然。據他自述，離開北平，多半是因為他更適合南方氣候，抑或怕共產黨來了，只能吃小米，或買不到對他的嚴重失眠症至為重要的進口安眠藥。

陳寅恪一家只在南京住了一晚，第二天便匆匆趕往上海。在上海，他寫信給時任嶺南大學校長的陳序經，表達了願去該校任教的心願。陳序經求才若渴，馬上答應為陳寅恪南下廣州做安排。1949年1月，陳寅恪一家搬進了嶺南大學。

不過，現實世界並非世外桃源。1949年6月，國民黨在廣州組織了「戰時內閣」，其中有兩位學人出身的人物擔任了此時變得異常重要的職務，一為杭立武任教育部長，一為葉公超代理胡適任「外交部長」。

在這段風雨飄搖的日子裡，杭立武一直念念不忘在嶺南大學的陳寅恪，他曾多次派人勸說陳序經動員陳寅恪離開大陸，陳序經一直沒有答允。杭立武深知二陳的價值，多次碰釘子後退而求其次，力勸二陳先到香港看看情形再說，並說這樣可以進退自如。到最後，他竟拉著「戰時內閣」的財政部長徐堪急匆匆地趕到嶺南大學，親自向校長陳序經攤牌，要陳序經一同前往勸說陳寅恪到香港。杭立武此時已幾近哀求，對陳序經說，如果陳寅恪答應去香港，他馬上給陳寅恪10萬港幣及新洋房。陳序經當時搶白道：「你給10萬我給15萬，我蓋新房子給他住。」杭立武帶上財政部長一同前來勸說，實際上寓有即時兌現之意。

若從忠心事君的角度看，杭立武、葉公超等人對自己所服務的政府做到了忠心耿耿。直到10月初，葉公超主持的「外交部」還在廣州辦公，還在為國民黨認為必須離開大陸的各色人員辦理護照。也就是說，直到此時，若想離開大陸，陳寅恪隨時都有機會，但陳寅恪卻始終對這種機會不屑一顧。

不買蔣介石賬的前國民政府考試院院長張伯苓

張伯苓先生是南開大學的創辦者，對中國近代教育貢獻很

大，為人忠厚謙虛，頗有人緣。

張伯苓有愛國激情，但卻不懂政治，更不知政情，過於相信蔣介石能夠救中國於貧窮落後。在蔣介石山窮水盡之際，他曾天真地願意助蔣一臂之力，於1948年7月出任國民黨考試院院長。

1948年7月，張伯苓到南京履任後，目睹國民黨政府違反歷史潮流的倒行逆施，尤其親歷了官場的黑暗腐敗，民不聊生，心情很不愉快。他在南京就任考試院院長不到一個月，就返回天津，發出國民黨政府「無官不貪無吏不汙」的憤慨，之後便以「體弱需靜養」為藉口，離開了南京考試院，避居重慶，終日深居簡出。

這段時日，張伯苓從報紙上得知天津、北平相繼解放，人民解放軍橫渡長江，迅速攻克南京，並向大西南進軍，深悔一時糊塗，上了蔣介石的賊船。正在張伯苓苦悶彷徨之際，他收到南開校友來信，信上有一句話：「老同學飛飛不讓老校長動。」

張伯苓看到這封信喜形於色。「飛飛」是周恩來在南開中學學習時的筆名，張伯苓認為，「恩來為人正直忠厚，辦事周到」。終於聽從了自己學生的勸告，決心不離開大陸。

解放前夕，蔣介石曾三番兩次到張伯苓的住地，催促他回任考試院院長，要求他盡速離開重慶，去臺灣和美國均可。乘飛機如有顧慮，可在機艙設臥鋪，夫人和兒媳都可以隨行。後來蔣氏又派張群和蔣經國來勸行，他都婉言謝絕了。

蔣介石第二次來，態度極為「懇切」，只要張伯苓肯走，什麼條件都可以答應。張伯苓低頭不語，主賓對坐無言，一時出現僵局。還是張夫人打破了沉默，對蔣說：「蔣先生，他老了，又有病，做不了什麼事啦。也該退休了，你讓他辭職吧！」蔣答說：「老先生要退休，到美國去休養，夫人、兒子和孫子，全家

都去，不更好嗎？去臺灣也可以，無論去哪兒，生活上的一切，都由我給想辦法。」張夫人答：「我們的3個兒子都在北方，我們哪兒也不去，他捨不得兒孫。」

蔣介石見事已至此，多說也恐難奏效，又沉默了一會兒，起身告辭。張伯苓送到門外，又站了好半晌，兩人仍是相對無言。蔣介石上汽車時，因心慌意亂，一頭撞在了車門框上。

東躲西藏的國民黨中央大學校長吳有訓

1948年下半年，正在美國加利福尼亞大學考察的中央研究院院長吳有訓接到蔣介石一連幾封加急電報，內容都是催其趕快回國，且口氣一次比一次強硬。無奈，吳有訓只好匆忙打點行裝，登船返國。吳有訓是當時中國最著名的理論物理學家，新中國第一顆原子彈試爆成功後的慶功會上，一半以上參與其中的科技精英都是他當年任教的西南聯大、中央大學物理系的學生。

回到南京，蔣介石就迫不及待地讓他出任中國官方的最高學府——中央大學校長。一天，國民黨教育部長杭立武找到吳有訓家中。

杭立武先取出一大疊銀元和金圓券，說這些錢先解燃眉之急，如果不夠，還可再說。並說蔣委員長非常掛念吳，找吳找得好苦。讓他儘快飛抵臺灣。

杭立武臨走甩下一句話，讓吳有訓什麼時候想走，就掛個電話給他，他可以幫助辦好一切手續，並將自己的電話號碼和住址告訴了吳有訓。

中共地下黨人得知這一情況後，忙和吳有訓取得聯繫，囑咐他趕快更換住址，並儘量不要外出，住處也不告訴別人，儘量不接待來客。

又在緊張的氣氛中度過了兩個月，1949年5月25日，人民解放軍終於攻克上海，吳有訓再也按捺不住激動的心情，帶著子女，走出家門，匯入了歡迎解放軍的行列中。

當天晚上，在收聽國民黨中央電臺廣播時，嬌聲嬌氣的女播音員所播的一段話使他怔住了：「吳有訓先生，你在哪裡？聽到廣播後，請你馬上起程赴廈門，那裡有人接你……」這段話連續播了好幾遍，之後，每天都能聽到這一廣播，直到廈門解放為止。可見，蔣介石對沒有把吳有訓拉到自己陣營中來，是心有不甘的。

茅以升做了整整10天的上海市祕書長

1949年5月15日，一輛黑色小臥車開進同濟大學中美醫院，一個身穿軍裝手持公事包的軍官，走下車來，直奔茅以升的病房，進門就說：「茅博士，請你去一趟，有要事商量。」茅以升問他去什麼地方，軍官輕聲答：「金神父路118號。」

茅以升懷著忐忑的心情隨軍官乘車來到金神父路118號，這裡戒備森嚴，五步一崗，十步一哨。軍官引領茅以升走進一間大廳，只見一個禿頂尖下巴的人，坐在一張高靠背椅上，「噢，蔣介石！」茅以升不覺一怔。

蔣介石不等客人說話，搶先開口：「茅博士，坐，坐。召你來是商談請你就任上海市祕書長一職之事。上海戰火已起，人心思亂，政局不穩，迫切需要在教育界、工程界享有聲譽的一位科學家出任祕書長，以安定人心。」茅以升面露難色，答道：「我近日患胃病已住進醫院，遵照醫囑須長期治療。」

看著茅以升匆匆離去的背影，蔣介石無可奈何地長歎一聲：「又一個人才留給共產黨了。」這裡面還有段小插曲。

茅以升從蔣介石處回到醫院後，中共地下黨人得知蔣介石要任命茅以升為上海市祕書長，趕快派人通知他可以出任，並讓他利用這一職位為保衛上海做工作，阻止湯恩伯在敗亡之前炸毀工廠。

就這樣，從5月16日到25日上海解放，茅以升做了整整10天的上海市祕書長。茅以升針對湯恩伯懼怕洋大人的弱點想了一條妙計。他利用上海市政府祕書長的身分，在外國駐滬領事館遊說了一番，說服外國領事團起草了一份照會，禁止湯恩伯施行他的焦土政策，破壞外國在滬開設的工廠。這份照會措辭相當強硬，湯看後大吃一驚，盤算偌大的上海，洋人工廠和國人工廠交錯在一起，要是士兵放火一燒，哪裡分得清是誰的工廠，只得下令不得破壞上海工廠。

蔣介石真是賠了夫人又折兵。

1949年6月，蔣介石已到了倉皇辭廟之日，再也無心「搶救」學人，裝潢門面的舉動終於被人們看透了本質，他的「搶救大陸學人計畫」終於沒有像搶運金銀國寶一樣順利完成。

據後來統計，除了胡適、梅貽琦等十幾人之外，原國民黨中央研究院80餘位院士有60餘位留在了大陸，各研究所、大學中的圖書資料、實驗儀器則近乎100％地保存下來。新中國也由於絕大多數知識份子的抉擇而保留下了文化的元氣。

153

日軍從中國掠走的巨額財富

吳　麓、張星海

　　二戰中，日本掠奪了大量受侵略國家的財富。「山下黃金」的故事自1945年日本投降後，一直在民間流傳。2005年12月13日，是日本侵略者佔領南京68週年紀念日。與此同時，美國作者斯特林·西格雷夫和佩吉·西格雷夫共同編寫的《黃金武士——二戰日本掠奪亞洲巨額黃金黑幕》在中國正式出版。

　　該書披露，戰爭期間，日本皇室從南京掠奪走的黃金至少有6000噸。但令人奇怪的是，戰爭結束之後，這筆財富像在人間蒸發了一樣，在史料上難覓其蹤。記者就此電話採訪了該書的譯校者王選女士。

日本天皇的「金百合計畫」——掠奪被佔領國財富

　　68年前，日本在中國實施的那場慘絕人寰的大屠殺，給中國人民造成了太大的傷害。然而就在日本以武力侵略亞洲各國的同時，它還祕密實施了一項掠奪被佔領國財富的計畫，即「金百合計畫」。

日本把從南京掠奪的黃金重新澆鑄為統一尺寸的金錠

　　1937年，日本天皇裕仁和他的顧問們祕密地在東京皇宮內建立了「金百合組織」，這一機構成立的目的是確保掠奪來的財富流入天皇的金庫。這是一個皇室組織，包括金融、會計、簿記、

航運專家及各種寶物專家。該機構由皇族成員監督，通過操縱黑社會來實行。黑社會像擠奶似的榨取中國的財富，「金百合計畫」就是要榨取最有價值的那層奶油。

日本對南京進攻開始之前，裕仁天皇將其叔父朝香宮鳩彥派到中國，以接替生病的松井石根將軍指揮作戰。朝香宮鳩彥是極端民族主義和種族主義分子，他在南京城外一接受指揮權，就給他的助手發布命令說，現在是「給他們中國兄弟一次永遠也不會忘記的教訓」的時候了。在隨後的南京暴行中，日本軍隊大屠殺了30萬毫無防禦能力的軍民。「金百合計畫」正是在這個時候開始實施的。

日本人搶劫得很徹底，甚至把屍體口中的金牙敲下

在南京，「金百合行動」的第一批執行者是憲兵隊。被調遣來的憲兵特別行動小隊四處搜查，扣押所有中國政府的財產，炸開銀行的庫房，搶劫富家及中產階級的商人和其他人士的黃金、寶石、珠寶、藝術品和貨幣。1000多年來，南京一直是一個富裕的城市，許多有錢有地位的中國人在南京城裡有別墅，在近郊有其他不動產。南京也不是第一次被其征服者洗劫，但這次卻是最仔細和有系統地進行的。

據說，在這一階段，憲兵們至少蒐集了6000噸黃金。對這個問題的歷史研究顯示，官方報導的掠奪數量往往只是實際數目的一個零頭。另外還有無數中國人喜歡儲存的小金塊、白金、鑽石、紅寶石、藍寶石、藝術品和古董也遭搶劫一空。這些都來自私人家庭和農村的墳墓。日本人做得如此徹底，甚至把屍體口中所鑲的金牙也敲了下來。

「金百合計畫」運回的財寶，其下落至今仍是一個謎

這些戰利品從上海直接用船運回日本，或由火車、汽車運往滿洲處理，稀有金屬進行分等，其他的首飾被熔化後，重新澆鑄為統一尺寸的金錠，然後再運回日本。通過陸路或是海上從中國運到日本的金塊和白金塊，或者存放在私人的保險箱裡，或者放在日本一座山的隧道和地堡裡。

「金百合計畫」從中國及亞洲各國運回的財寶，其下落至今仍是一個謎，這個謎的一些線索散落在環太平洋地區。有一種估計認為，馬尼拉（菲律賓）及其郊外，加上柯雷吉多爾島下所修建的藏寶地，不夠用來收藏日本所有的搶劫財寶，因此，在棉蘭老島、民都洛島（菲律賓中部，呂宋島西南）和其他的島嶼上也修建了許多藏寶地。近年來雖然有些寶藏被人們所發現，但那些僅僅是極小的一部分，更多的寶藏仍然未被人們所發現。我們不清楚，卻可以找到富饒的亞洲因為戰時日本的洗劫，黃金儲備只占當時世界黃金儲備的5％這樣一組資料。當然，亞洲各被佔領國失去的不只是金銀珠寶，僅中國一國而言，就喪失了價值數十億美元的瓷器、藝術品、遠古化石、線裝書籍、宗教文物等。這些寶藏的價值將是一個無法用貨幣來衡量的天文數字。

面臨性命之憂的兩位作者，是如何得到揭開黑幕的線索？

王選女士告訴記者，恐怕沒有一位作者如《黃金武士》的作者斯特林·西格雷夫和佩吉·西格雷夫這樣，終日擔心會遭到謀殺，因為他們的作品妨礙了一些國家的國家安全。目前，該書的作者一直隱居在法國，幾乎切斷一切通訊，聯繫只能靠電子郵件。

那麼，兩位作者是如何找到揭開這一黑幕的線索？斯特林·西格雷夫在接受媒體採訪時說，20年前，他們撰寫了一本關於時

任菲律賓總統馬可仕的書《馬可仕王朝》，當時他們設法與曾經幫助馬可仕破譯日本地圖代碼的科蒂斯取得了聯繫。由於有了科蒂斯的幫助，馬可仕發現了價值數十億美金的贓物，他與美國政府和兩個日本人瓜分了這批財富。後來，馬可仕試圖殺科蒂斯滅口，但科蒂斯帶著藏寶圖副本逃走了。為了讓那批寶藏重見天日，也為了正義，科蒂斯把所有與這筆財富有關的錄影帶、磁帶檔甚至若干至關重要的日本地圖副本，都交給了他們。

在他們蒐集證據的18年時間裡，沒有依靠任何人的資助，完全是靠寫作所得生活。王選女士稱，他們認為中文版是最重要的，因為中國人是那場戰爭中受傷害最大的國家，那些黃金寶藏中的大多數也是從中國搶去的。

中國放棄對日戰爭賠款的來龍去脈

佚 名

按照國際慣例，在每一份戰後簽署的和約中都包括戰爭賠償的內容。這種由戰敗國向戰勝國繳納的賠償，款額往往大得驚人。如1894年1895年的甲午戰爭結束後，戰勝的日本就通過《馬關條約》，以戰爭賠償的名義從戰敗的中國清政府手中掠走白銀二億兩。

第二次世界大戰中，作為世界反法西斯同盟重要成員的中國，在長達14年的抗日戰爭中，付出了巨大的民族犧牲。然而，令人驚異的是，在戰爭結束後，戰敗的日本卻沒有向作為主要戰勝國之一的中國繳付賠款！更令人不解的是，那些受戰爭破壞遠較中國為輕的東南亞國家卻不同程度地獲得了賠償，其中緬甸、菲律賓、印尼所得賠款分別為2億美元、5.5億美元和2.23億美元，甚至連當時尚未統一的越南南方吳庭豔（炎）政權，也獲得了賠款3900萬美元。

這究竟是怎麼一回事？

我們還是讓歷史本身做出回答吧。

張群曾在國民黨六屆四中全會上大聲疾呼：「絕不放棄我們對日要求應得的賠償！」

1945年8月15日，伴隨著廣播中日本天皇裕仁停戰詔書的宣布，在中國大地上飛揚跋扈了整整十四個年頭的太陽旗頹然墜

地——中國抗日戰爭作為世界反法西斯戰爭中不可分割的一部分最終取得了勝利。

1945年9月2日上午10時，日本代表在停泊在東京灣的美國戰艦「密蘇里號」上，簽署了投降書。在德義日法西斯三國軸心集團中，日本是最後一個在投降書上簽字的。

在此之前，義大利與德國已分別於1943年9月3日和1945年5月7日向盟軍投降。

從表面上看，日本是在包括美國投擲原子彈和蘇聯出兵東北的行動在內的盟軍聯合打擊下乞降的，但實際上，對促使日本投降真正發揮決定性作用的是中國八年的全面抗戰。

中國的抗日戰爭貢獻最大，損失也最大。據統計，在這場歷時曠久的戰爭中，中國軍民傷亡人數總計高達3500萬，各種損失折合當時美元計算數額高達1000億以上。

面對如此慘重的經濟損失，要求罪魁禍首日本給予中國戰爭賠償是天經地義的。中國政府對此態度相當明確，當時的國民政府外長王世杰在闡述戰後中國對日基本政策時指出：儘管中國不主張採取狹隘的報復主義，但就賠款問題則「應一本正義與公道之要求，以從事解決」。為此，中國政府特意成立了一個調查委員會，負責調查和統計戰爭中各項人力、物力損失的情況，以便對日提出賠償要求。

中國要求日本賠償的政策與盟國戰後對戰敗國總的政策是一致的。早在1945年2月英美蘇首腦舉行雅爾達會議時，便制定了要求德義日法西斯國家給予同盟國戰爭賠償的原則。

規定德國應賠償200億美元，其中100億歸蘇聯，80億歸英美，20億歸其他國家。

戰後，英、美、法、蘇對德國實行分區佔領，成立盟國管制

委員會，德國的賠償以盟國從各佔領區拆遷工業設施抵償。同時，對於追隨德國與盟軍作戰的義大利、羅馬尼亞、保加利亞、匈牙利、芬蘭五國同樣提出了賠償要求。1947年2月10日，盟國與上述五國訂立的和約中規定，義、羅、保、匈、芬五國分別向蘇聯、南斯拉夫、埃塞俄比亞、希臘四國賠償2.55億、3億、0.7億、4億美元。

對於日本，以美英蘇中為首的同盟國在日本投降後成立了一個賠償委員會，專門協商日本賠償問題。1945年11月5日，該委員會一致認為，為了剝奪日本進行戰爭的產業能力，防止軍國主義復活，決定加重日本的戰爭賠償。方式是把日本工業設備的一大半拆遷給各戰爭受害國作為賠償。為此，指示各國分頭調查、統計戰爭期間的損失，以便具體確定賠償的方案。

1947年10月25日，經過兩年多的調查核實，同盟國向日本提出了索賠要求，總計金額為540億美元，中國也在其中。但是在賠償如何分配的問題上，各國意見不一，英國要求佔有賠償總額的25％，美國要求34％，蘇聯要求14％，法國要求12％，澳大利亞要求28％，僅這幾個國家，還未包括受害最重的中國的要求，分配比例總和已超過了100％。

中國在會議上以「受害最久，犧牲最烈」為由據理力爭，堅持應獲日本賠償總數的40％。但各國不依，僅同意占30％，此後各方爭執不休，問題一拖再拖，久而未決。國民黨政府由於忙於打內戰，因而後來對日本賠償的分配問題也就無心顧及了。不過，國民黨政要張群在1947年9月9日國民黨六屆四中全會上所做的外交報告中仍大聲疾呼：「絕不放棄我們對日要求應得的賠償！」這充分表明了當時國民黨政府的態度。

而日本方面，直到舊金山對日和約簽字，從未向任何國家提

起過戰爭賠償問題。這中間一晃就是四年過去了。

美國為稱霸世界，操縱舊金山會議，把中國拒之門外

1951年7月12日，美國公布了對日和約草案，並在7月20日向同盟各國發出了召開舊金山會議的邀請函，從而把一度被擱置的對日和約問題再次提上日程。

但是，令世界各國大為驚訝的是，在美國起草的對日和約草案中所列的對日作戰國家的名單中沒有中國，其後中國也沒有收到出席舊金山和會的邀請函。這意味著中國——這個在反抗日本法西斯作戰中歷時最長、貢獻最大、損失最重的國家，將不得參加盟國對日和約的擬定和簽署工作。舊金山和會把中國關在了門外。

毫無疑問，美國是策劃將中國排除在對日集體締約之外的主謀。此舉的出籠與當時美蘇對立的國際形勢及美國戰後稱霸世界、遏制蘇聯的全球戰略有著密切的關係。

二戰結束後，美國憑藉戰爭中壯大起來的軍事和經濟實力，急於在世界建立「美國式的和平」，企圖充當世界霸主。但是戰後實力同樣強大的蘇聯，以及在蘇聯影響下在東歐建立的各社會主義國家的存在，打破了美國的夢想。美國便在「遏制共產主義擴張」的幌子下，糾合西方資本主義國家在世界各地與蘇聯展開角逐。於是，在反法西斯戰爭中曾經並肩浴血奮戰的昔日盟友開始分道揚鑣。

至20世紀50年代初，美蘇對峙的冷戰格局已經形成。此間發生的國際事件如中國人民解放戰爭的爆發，東、西德的分裂以及朝鮮三八度線的劃分，無不被打上美蘇冷戰的時代烙印。其中，中國事態的發展最典型地反映了這一時代特色。

從1947年至1951年，對中國人來說的確稱得上是天翻地覆、江山易主的關鍵四年。

這期間，點燃內戰戰火的蔣介石退踞臺灣，而毛澤東領導的共產黨人則於1949年10月在北京升起了第一面五星紅旗，宣告了新中國的誕生。面對中國形勢的變化，美、蘇兩大戰後強國採取了截然相反的態度。蘇聯於1949年10月立即承認了新生的中華人民共和國，而美國則極力否認新中國的合法地位，執意拉扯日趨沒落的蔣介石政府。

為了平衡新中國的誕生給資本主義陣營帶來的衝擊，就必須在遠東重新扶植一個新的反共堡壘，以遏制共產主義的發展。美國選中了日本。1948年1月6日，美國陸軍部長亞羅爾在一次演講中公開宣布：「今後對日佔領政策是扶植強有力的日本政府，……以便起到可以防禦今後在遠東方面發生新的共產主義威脅的堡壘作用。」

這標誌著美國對日政策來了個一百八十度的大轉變──由戰後初期的抑日變為扶日。此後，美國走上了重新武裝日本的道路。

1950年6月，朝鮮半島爆發的戰爭點燃了美蘇兩大陣營間的第一次武裝衝突。隨著美國和中國的先後介入，朝鮮戰爭已由單純的內戰升級為一場國際戰爭。

美國為了打贏這場所謂「遏制共產主義擴張」的戰爭，急欲起用日本這一反共先鋒。為此，美國力主儘快與日本締結和約，解除對日本的軍事管制，恢復其主權，以便使日本儘快加入反共的行列。召開舊金山會議的建議，就是在這種火藥味極濃的氣氛中提出的。

但是，由於美蘇對中國政府的認同不一，在邀請國、由哪一

方出席舊金山會議的問題上雙方發生了爭執：美國不承認中華人民共和國政府，主張由臺灣蔣介石政府參加和會，這遭到了蘇聯政府的堅決反對。眼看舊金山會議有擱淺的危險，美國為了早日實現其扶日反共的目的，竟然置中國作為主要戰勝國的權益於不顧，藉口盟國對中國政府的認同有分歧，而單方面決定不邀請中國代表出席舊金山和會，主張中國應在會外與日本單獨締結和約。對於將由中國哪一方與日本締約，美國強調「應由日本去決定」。

163

這種把中國排除在對日和約談判之外並且給予日本選擇締約對象權利的做法，使中國在對日和約問題上失去了主導地位。中國海峽兩岸對美國無視中國權益的作法均表示了強烈的反對：7月16日，蔣介石在臺灣發表談話指出：「中國被拒絕參加對日和約簽字，乃破壞國際信義之舉，政府決不容忍。」8月15日，周恩來外長代表新中國政府對此提出了抗議，指出將於9月4日在舊金山召開的對日和約會議，背棄了國際義務，中國不予承認。

然而，美國當局不顧中國方面的強烈抗議，一意孤行，於9月4日～8日召開了有52個國家出席的舊金山會議，並操縱會議通過了對日和約。

舊金山和約是一個很不公正的條約，它把對日作戰的起始時間定為1941年12月7日，從而抹殺了中國人民自1931年9月18日起，特別是1937年7月7日至1941年12月7日這幾年對日軍的單獨抗擊的歷史。同時，和約在賠償問題上極力寬大日本，只是泛泛地規定：「日本國對戰爭中造成的損害及痛苦，將向盟國支付賠償。」對於具體數額根本沒有提及，同時對戰勝國的賠償要求做了原則上的限制：即只能「利用日本人民在製造上、打撈上及對各該盟國的貢獻的其他服務上的技能與勞作，作為協定賠償各國

修復其所受損失的費用」，而且必須在「日本可以維持生存的經濟範圍內進行」。

這種重重限制的賠償規定就是以日本人的勞務充作賠償，實際上是變相減免日本的戰爭賠償，與1945年盟國賠償委員會做出的加重賠償的原則是相抵觸的，因而遭到了亞洲、歐洲部分國家的反對。除了中國、朝鮮、越南未被邀請赴會外，緬甸和印度拒絕出席會議，而出席會議的蘇聯、捷克斯洛伐克和波蘭會後拒絕簽字。這樣，由於中、印、蘇等國的抵制，當時，世界上有一半的人口是不承認舊金山和約的。

9月18日，周恩來外長代表新中國政府嚴厲譴責了舊金山和約，指斥它是——「一個復活日本軍國主義，敵視中蘇，威脅亞洲，準備新的侵略戰爭的條約。」同時聲明：「舊金山和約由於沒有中華人民共和國參加準備、擬制和簽訂，中央人民政府認為是非法的、無效的，因而是絕對不能承認的。」

然而，與新中國政府捍衛民族權益的嚴正態度相反，退踞臺灣的國民黨當局為了爭得與日本締約的所謂「正統地位」，轉而承認舊金山和約，追隨美國的意願走上了與日本單獨締約的道路。1951年9月12日，臺灣當局外長葉公超發表聲明：臺灣當局願意以舊金山和約為藍本，與日本簽訂雙邊和約。

日本利用舊金山和約玩弄花招，美國推波助瀾，臺北為爭正統放棄賠款

1951年9月8日簽訂的舊金山和約，極大地改善了日本戰後所處的不利地位，11月26日，日本國會便非常痛快地批准了這個和約。與舊金山和約同樣給日本帶來好處的，即日本對於中日雙邊和約締結對象的選擇權。日本當時的首相吉田茂很興奮地宣布：

「日本現在有選擇媾和對手之權，對於如何行使此權，應考慮客觀環境，考慮中國情形以及其與日本將來之關係，不擬輕予決定。」言下之意即日本一定要充分利用這一權利謀取最大的利益。事後證明，吉田政府的確在這個問題上絞盡腦汁，大做文章，極盡陰險、奸詐之能事。

為了等待時機，日本政府在與中國締和問題上採取了拖延的對策，但為了防止盟國指責其蓄意拖延，吉田政府煞費苦心地搞了一個民意測驗，讓日本國民就同北京還是臺北締結和約表態，但得出的結果卻令人哭笑不得：支持與臺北或北京締約的比例均為38％，而餘下的24％則是無所謂。這樣，吉田政府便以民意難辨，無法做出決斷為由，理直氣壯地拒不表態，靜觀事態的發展。而私下裡針對臺灣急於與之締約的心理，不時散布一些可能與北京締和的言論。

1951年10月25日，蔣介石派駐日本的代表董顯光拜會日本內閣官房長官岡崎勝男，詢問有關締約的事宜。岡崎不慌不忙地答道：「我國現在若與貴國訂立雙邊和約，勢將引起大陸中國國民對我之仇視。」因此，「我們現在的政策是要慢慢等待時機，以待日本實現獨立自主後，研究何時同中國簽訂和約或選擇中國的哪一方問題。我國歷來尊重中華民國政府，遺憾的是，中華民國政府的領土只限於臺灣。」言下之意似乎是並不準備與臺灣方面締約。

五天以後，吉田在日本參議院的演講更讓臺灣心驚。吉田公開表示：「如果中共在今後三年內提議根據舊金山和約與日本討論締結和約，日本政府自然願意談判並締約，絲毫不會提出反對。」事後，吉田還在會見董顯光時表示：「日本不能忽視大陸上四億五千萬中國人的感情。」

　　日本政要的一系列言論，使臺灣當局如坐針氈。臺灣當局為了保住所謂的正統地位，一方面連續電令駐美大使顧維鈞策動美國對日施加壓力，一方面又在草擬的對日和約當中大加讓步，特別是在日本方面尤為敏感的賠償問題上更為明顯。如草案中規定：中國「承認日本國如欲維持足以生存之經濟，則其資源目前不足以完全賠償所有此類損失及災難，同時並承擔其他義務」，因此，只要求「利用日本國民為中華民國從事生產打撈及其他工作，以作為補償。除此以外，中華民國放棄一切賠償要求，放棄該國及其國民因日本國及日本國民在作戰過程中所採取任何行動而產生之其他要求」。這個草案已初步放棄了日本賠償，僅僅保留了一部分勞務補償內容。

　　與此同時，臺灣當局又處處小心謹慎，生怕惹惱了日本，喪失了締約的機會。有個小插曲充分表現了這一點，即當駐美大使顧維鈞遵命與美方交涉後，美國合眾社發了一個消息，內稱顧大使對日本拖延雙邊和約表示不快。臺灣外交部聞訊大驚失色，立即查詢此事，並發表否認聲明，指稱電訊報導有誤等等，由此可見，臺灣誠惶誠恐到了何種程度。

　　由於美國當時出於反共目的，在亞洲奉行的是扶日而不棄蔣的政策，因此，在臺灣力爭與日本簽約的問題上給予大力支持。1951年11月5日，美國白宮表示：「堅決反對日本與中共拉攏關係之任何企圖。」此後又於12月10日，派舊金山和約的主要策劃人之一，負責對日締約的杜勒斯作為特使赴日，以促成日蔣和約而對吉田政府施加壓力。杜勒斯直接要求日本與臺灣締約，並威脅道：「如果日本政府不同中華民國簽訂和約，美國國會就不批准舊金山條約。」

　　在美國的強硬干預及臺灣方面做出了重大讓步的情況下，日

本政府才「不情願」地改變了態度。12月24日，吉田表示不承認共產黨中國，願與臺灣締結和約。1952年1月30日，日本委任河田烈為中日和談首席全權代表赴台，與國民黨政府外長葉公超進行雙邊談判。

1952年2月30日談判正式開始，至4月28日和約簽字，前後進行了正式會談3次、非正式會談18次，歷時67天。談判期間，日本方面又一次暴露了其陰險、狡猾的面目。

戰爭賠償問題是和約的重要內容，因而在這個問題上爭論十分激烈。根據中方起草的和約草案，在賠償問題上只要求日本對中國提供勞務補償，其他賠償已經放棄。這是臺灣當局做出的重大讓步，而且與舊金山和約的原則一致。但日本對此卻堅決反對，蠻不講理地堅持臺灣可以根據舊金山和約沒收日本在華財產和資產作為補償，不應再提勞務補償的要求。由於雙方觀點相差懸殊，談判多次陷入僵局。不僅如此，日本彷彿把戰敗國的身分丟在了腦後，竟多次提出自己起草的和約草案，氣焰囂張至極。

而臺灣方面在談判初期自恃有美國撐腰，認為只要美國以不批准舊金山和約相威脅，便不難最終迫使日本就範，因而在談判中據理力爭，態度甚為堅決。對中方草案只做細節修改，重大原則毫不讓步。誰知至3月下旬，風雲突變，美國先於3月20日操縱國會以66票對10票批准了舊金山和約，後於4月16日宣布舊金山和約將於4月28日生效。

美國的行徑對臺灣當局來說不啻於背後一刀。因為美國國會承認舊金山和約，使臺灣在對日談判中失掉了最有力的王牌。同時，美國限定和約生效時間，等於給了日本有力支持。因為一旦和約正式生效，日本解脫了戰敗國的束縛，恢復了主權，在對華締約問題上將更為主動，這對臺灣來講極為不利。

在這種形勢逆轉的情勢下，蔣介石政府為了趕在舊金山和約生效前與日本達成和約，被迫在賠償問題上做出全面讓步，於3月25日決定放棄全部賠償。僅在條約草案中列入下述文字：「日本承認其賠償之義務，我方亦承認日本無力做出全部賠償，為此……我方宣布放棄以勞務進行賠償之要求。」

然而，得了勢的日本變本加厲，居然抓住臺灣方面急於簽約的心理，對上述行文也不接受，堅持在和約中取消有關賠償問題的條款，否則採取拖延的方法，拒不談判。臺灣當局無可奈何，於4月12日答應了日本的要求。蔣、日和約的最後簽字直到4月28日下午3時才告完成，此時距舊金山和約生效僅僅還剩7個小時。

因此，在蔣日和約的正文中通篇找不到「賠償」二字，其相關內容僅是在和約以外的議定書中加以確認的。

議定書第一條乙項原文為：

「為對日本人民表示寬大與友好之意起見，中華民國自動放棄根據舊金山和約第十四條甲項第一款日本國所應供應之服務之利益。」

另一處相關內容是在和約正文附錄的紀錄中，原文是：

日本國全權代表：「本人了解：中華民國既已如本約議定書第一項乙款所述自動放棄服務補償，……是否如此？」

中華民國全權代表：「然，即係如此。」

蔣日和約的締結，引起了新中國人民的強烈抗議。1952年5月5日，即和約簽字一週後，周恩來總理代表中華人民共和國政府嚴正聲明：「對於美國所宣布生效的非法的單獨對日和約，是絕對不能承認的；對於公開侮辱並敵視中國人民的吉田、蔣介石和約，是堅決反對的。」並且指責蔣介石所謂放棄賠償要求的允諾是「慷他人之慨」，中國政府和人民絕對不予承認。

中日邦交正常化聯合聲明指出：為了中日兩國人民的 友好關係，中國放棄對日本的賠償要求

1972年2月21日上午11時27分，當美國的銀白色總統專機掠過浩瀚的太平洋，在中華人民共和國首都北京機場降落的一剎那，以中美蘇三國為基點的國際戰略新格局便誕生了。

美國總統尼克森訪華的實況，通過衛星向世界各地進行轉播。這次行動改善了自1949年10月1日起中美間相互敵視的歷史，在世界範圍內引起的震動不亞於一場大地震。

受到衝擊最嚴重的莫過於中國東部近鄰日本。面對美國一百八十度的急轉彎，一貫追隨美國敵視中國的日本措手不及，當時的日本首相佐藤榮作是歪著嘴看完電視轉播的。

但是政治是排斥感情的，「識時務者為俊傑」，佐藤內閣深諳此理。儘管內心不滿，但為了跟上美國的步伐，日本政府在尼克森訪華後，便祕密委託東京都知事美濃部在訪華時給周恩來總理捎信，表示佐藤首相「要求親自訪華」。誰知當即被周恩來以「佐藤政府說了不做」為由加以拒絕，並宣布中日談判不以佐藤為對象。佐藤政府碰了一鼻子灰。

周恩來回絕佐藤的試探，並非表示中國不願與日本復交，相反，新中國早在1949年6月20日便發表過準備對日簽訂和約的社論。僅僅因為日本政府追隨美國，承認蔣介石政權並與之締結非法和約，才導致中日兩國長期敵對。尼克森總統訪華後，形勢的發展有利於解決中日歷史上遺留的問題，因此毛澤東曾明確指出：中日恢復邦交問題「應該採取積極的態度，談得成也好，談不成也好，總之，現在到了火候，要抓緊」。周恩來回絕佐藤，一方面體現了欲擒故縱的外交策略，一方面也是對長期敵視中國人民的佐藤政府的一個懲誡。

果然，6月17日，佐藤榮作內閣被迫下臺，7月7日，田中角榮內閣登場。田中在就職當天便表示了要與中國恢復邦交的願望。對此周恩來於7月9日迅速做出反應，他在歡迎葉門民主共和國政府代表團的宴會上專門加了一句：「田中內閣7日成立，在外交方面聲明要加緊實現中日邦交正常化，這是值得歡迎的。」隨即又讓中日友協副祕書長孫平化借率領上海舞劇團在東京訪問演出之機，轉告田中：「只要田中首相能到北京當面談，一切問題都好商量。」

　　當時日本政府要想恢復中日邦交必須解決兩個問題，一個是如何對待中國一再堅持的中日復交三原則（三原則的主要內容是：一、中華人民共和國是代表中國的唯一合法政府；二、臺灣是中華人民共和國領土不可分割的一部分；三、日台條約是非法的、無效的，必須廢除），另一個就是有關日本戰爭賠償問題。

　　關於這一問題，中國政府在不承認日台條約時已強調指出：「日本軍國主義者殺害了上千萬中國人，使中國蒙受數百億美元的公共財產和私人財產的損失。中國擁有要求賠償這些損失的權利。」這就意味著日本對中國的賠償數額將相當大。日本既然避免不了這一問題，便轉而指望中國高抬貴手。為了摸清中國的態度，預先就雙方的爭執焦點達成諒解，需要一個從中穿針引線的人。

　　當時日本公明黨委員長，正在訪華的竹入義勝充當了這個重要的角色。1975年，竹入義勝在他的回憶錄中記述了他於1972年7月25日與中國方面會晤的細節：「我把我們的意見全說了，共有十幾條，並告訴他們，如果你們贊成這些意見，事情就好辦了。……周總理最後問我，假如我們接受你們的建議，日本政府會採取行動嗎？於是，我就從北京打電話給田中先生，請他做出

決斷。田中回答『行』，很乾脆。最後一次拜會周恩來總理的時候，周總理拿出一份列印檔並對我說：『這基本上是我們關於日中聯合聲明的原始方案。』我很吃驚，內容和後來的日中聯合聲明差不太多。」竹入義勝的活動為中日邦交談判打下了基礎。

關於日本戰爭賠償的問題，在中方草案第七條中這樣寫著：「為了中日兩國人民的友誼，中華人民共和國政府放棄對日本國要求戰爭賠償的權利。」但是在日後中日聯合聲明的正文中行文有了個別改動，將「權利」二字改換為「要求」。

外交檔上的一字之差，往往掩蓋著談判桌上的翻雲覆雨，唇槍舌劍。在中方放棄賠償的問題上，中日雙方果然有一場短兵相接的較量。

1972年9月26日，田中首相抵達北京的第二天，中日兩國在人民大會堂舉行第一輪外長談判。當談判進行到中方草案第七款賠償問題時，日方代表高島忽然狂妄地聲稱，根據1952年日本與臺灣締結的和約，日本戰爭賠償問題已經解決，因而不存在中國放棄什麼賠償權利的問題。同時對中日間終止戰爭狀態等提法一一表示拒絕，會談因此不歡而散。

次日，周恩來會見田中，一反前一天溫和的態度，以嚴厲的口氣譴責了日本的行為。他說：「聽了今天上午外長會談的彙報。高島條約局長是破壞日中邦交正常化來的吧。日中邦交正常化是個政治問題，不是法律問題。高島局長是搞訟棍那一套嘛！我不認為高島局長的意見是田中首相和大平外相的本意。」

同時周總理對中日賠償問題再次重申不承認臺灣的允諾，指出：「當時蔣介石已逃到臺灣，他是在締結舊金山和約後才簽訂日台條約，表示所謂放棄賠償要求的。那時他已不能代表全中國，是慷他人之慨。遭受戰爭損失的主要是在大陸。我們是從兩

國人民的友好關係出發，不想使日本人民因賠償負擔而受苦，所以放棄了賠償的要求。」

「毛主席主張不要日本人民負擔賠款，我向日本朋友傳達，而你們的條約局長高島先生反過來不領情，說蔣介石已說過不要賠款。這個話是對我們的侮辱，我們絕對不能接受。我們經過50年革命，蔣介石早已被中國人民所推翻。高島先生的說話不符合你們兩位的精神。」面對周恩來總理義正辭嚴的聲明，田中一行垂頭喪氣，連晚飯都吃不下去了。

第二天，中日聯合聲明起草小組再次開會，高島一上來便對他昨天的言行表示道歉，聲言日本國民對中國放棄戰爭賠款的要求深為感動。至此，由於戰爭賠償問題引起的風波方才平息下去。不過中方體諒到日本方面的難處，同意將聲明中有關賠償的「權利」一詞換為「要求」。

1972年9月29日上午10時20分，中日兩國代表在人民大會堂簽署了中日邦交正常化的聯合聲明。聲明第七條寫道：「中華人民共和國政府宣布：為了中日兩國人民的友好關係，放棄對日本國的戰爭賠償要求。」

至此，中日兩國間懸而未決長達27年之久的賠償問題，以中國政府的顧全大局而放棄，畫上了句號。

歷史現場

醉裡挑燈看劍

熊召政

一

小時候，無論是聽鼓書藝人的《說岳全傳》，還是在課堂上聽老師講授宋朝的歷史，一些「敵人」的名字，如完顏阿骨打、吳乞買、金兀朮、完顏亮等，莫不在心中激起強烈的民族仇恨；而另一些人，如岳飛、李綱、宗澤、韓世忠等等，又成了我們深為敬仰的民族英雄。這種理念一旦形成，便直接影響了我們對歷史的把握。人到中年涉世日深之後，我已從理智上認識到中國的歷史不僅僅只是漢人的歷史，它同時也是匈奴人、契丹人、蒙古人、女真人、藏族人，以及為數眾多的少數民族的歷史。

同時，我還意識到那些活在傳說中或書本上的英雄與惡魔，只能是道德上的判斷，而不應該成為歷史中的定義。創造歷史的人，不一定是道德上的聖人，更不會是優雅的紳士。道理雖然都懂了，但是在感情上，或者說在潛意識中，我依然存在著強烈的漢族優越感。這種孤芳自賞的心態，直到三年前才有了徹底的改變。

2003年8月，我應阿城市人民政府的邀請，去那裡參加「紀念大金國建國888週年筆會」，這是我第一次親臨白山黑水環繞下的土地。此前，我對哈爾濱近郊的阿城，並沒有太多了解。這座小城市，無論是風景、飲食、建築與民俗，幾乎都沒有什麼特

色。從旅遊者的角度看，既無商業的狂歡，亦無山水的盛宴，因此不可能成為大眾旅遊的目的地。

但對於我，阿城卻是一個不可不去的地方。理由只有一個：這裡是大金國的誕生地。前面所說的完顏阿骨打、吳乞買、金兀朮、完顏亮等人，都在這片土地上誕生。他們在這裡創建並發展了大金國。這麼個蕞爾之地，八百多年前，居然一度成為北部中國的政治中心，因此，我們沒有任何理由可以小瞧它。

記得兩年前的秋天，在一個秋風乍起的黃昏，我在邀請單位人員的陪同下，來到會寧府皇城的遺址上漫步。夕陽欲墜，林雀啁啾，愈來愈朦朧的景致，對我的吊古心情起到了催化的作用。我在雜草間撿到了一塊破損的瓦當，摩挲著它，謅了四句：

> 暫從瓦礫認輝煌，神州此處又滄桑。
> 鐵馬金戈都過盡，唯見昏鴉負夕陽。

是的，鐵馬金戈都成了雲煙往事，在感傷的視野裡，我只看到了敗草累累的荒蕪。正因為如此，我對在這片廢墟上所發生過的興衰變遷，產生了濃厚的興趣。

二

宋政和五年（1115年）正月初一，在大宋帝國的首都汴京，即今天的河南省開封市，同過往的一個半世紀一樣，到處彌漫著節日的氣氛。千家萬戶門上的春聯，都貼滿了「天增歲月人增壽」之類的祝福或「財源茂盛達三江」之類的願望。無論是絲管悠揚的舞榭歌坊，還是笑語喧譁的青樓酒館，到處都陶醉著大宋的子民。所有感官的享受，所有情緒的宣洩，使汴京城成為12世

紀初全世界最為奢侈的遊宴地，最為亮麗的嘉年華。

　　而這場嘉年華的締造者，北宋的第八位皇帝趙佶，那時刻可能宿醉未醒，躺在重簾繡幕中的龍床上，倚香偎玉，大有將春夢進行到底的意味。他縱然醒來，也只不過是把新的一天轉化為詩歌、繪畫、書法和音樂的揮灑享受。這位徽宗皇帝畢生的努力，是想將他統治的大宋王朝改造成崇拜藝術的國度，讓他的子民生活在虛構的繁華與花樣翻新的遊戲中。所以說，在這一年的大年初一，如果一個歐洲人來到中國，他一定會覺得上帝是一個中國人，因為他過於偏愛生活在汴京的豪門貴族。

　　可是在同一天，在離汴京3000多公里的張廣才嶺下的一塊平原上，就是前面說到的阿城，我們見到的是另一番景象，肅殺，遼闊，到處是深深的積雪以及厚厚的冰凌。一大早，數以千計的女真人騎著駿馬，馳出被暴雪封鎖的山谷或被嚴冰凍得嚴嚴實實的阿什河。這些不同部落的首領們，代表數十萬的女真人前往阿什河畔一處土寨子——那裡有幾幢稍微像樣一點的土坯房，裡頭住著他們心目中的偶像完顏阿骨打。

　　提到這個完顏阿骨打，我不得不多說幾句。這是第一位以國家而不是以部落與族群的名義書寫女真人歷史的英雄。女真人世代居住在黑龍江、松花江、烏蘇里江流域以及逶迤千里的長白山中。在西元前兩千多年的虞舜時代，女真人就在這片土地上以狩獵的箭矢與石斧砍斫出生存的天地，並與中原地區建立聯繫。

　　朝代不同，女真人的稱謂也不同，商周時期，稱其為肅慎；三國時期，稱其為挹婁；魏晉南北朝時，稱其為勿吉；隋唐時，稱其為靺鞨。

　　茲後共有七個部落，在西元7世紀至10世紀之間的300多年間，這些部落一直處在豪強的吞併與政權的更迭之中。靺鞨的粟

176

末部落曾創建了渤海國，其後，又併入了更為強大的遼國。

契丹人與女真人同為遊牧民族，都善於在馬背上用戈矛書寫盪氣迴腸的史詩。契丹人建立遼國政權後，就一直對女真人存有高度的戒心。

只有玫瑰才能理解另一朵玫瑰。在馬背上奪取燕雲十六州以及整個東北地區的契丹人，當然知道女真人完全有能力「以其人之道，還治其人之身」，因此他們強迫女真人兩次大規模地自東北向西南遷徙。讓女真人離開山林，離開馬背，在遼河平原上用犁鑱而不是用刀槍來為生活重新定義。應該說，這種遷徙的確起到了分化作用。幾十年後，留下的女真人與遷走的女真人便有了生熟之分。所謂生女真，就是指保留了本民族習慣的白山黑水間的土著，而熟女真是指接受了遼與宋兩種先進文化薰陶的遷徙到遼陽以南地區的女真人。

在當時的中國，存在著宋朝與遼朝兩個相互對峙的政權。他們對女真人的族群表述，各有其定義。但女真人不接受外來民族對他們的行政式的區分。他們按姓氏，將自己劃分為完顏部、溫都部、烏古倫部、紇石烈部、蒲察部、徒單部、烏林荅部、加古部等。女真人以部為氏，各氏都在自己的區域裡發展。氏與地域結合，又會分出新的部落，像完顏氏，最後又發展成泰神忒保水完顏部、馬紀劲保村完顏部、耶撻瀾水完顏部等12個部落。而完顏阿骨打所在的部落，稱為按出虎水完顏部。

《金史》記載該部落最早居住在一處名叫「姑里」的地方，據專家考證，這個姑里的大致範圍在今黑龍江境內的牡丹江下游西岸，馬大屯之南，寧安市以北。遼代中葉，他們才遷到位於黑龍江省阿城市境內的按出虎水流域。「按出」是女真語「金」的意思，「虎」是女真語「河」的意思，按出虎水即金水河。這條

金水河即今天的阿什河，800多年前，這條河裡盛產沙金。

雖然，生女真保留了本民族的特性，但他們也不得不接受遼朝的統治。遼朝的統治者耶律家族，過了近百年的更易，其繼任者不但放鬆了對女真人的警惕，更憑藉著統治者的優越感對這些邊鄙草民大肆掠奪，極盡奴役之能事，以致激起了生女真的強烈仇恨。在與遼朝對抗的漫長歲月裡，完顏部落的首領逐漸確定了自己在女真人中的領袖地位。完顏阿骨打的祖輩們團結起女真人各個部落的酋長，一起反抗遼朝統治者。但真正敢於採取大規模的軍事行動，向遼朝的腹心地帶進攻並取得戰略性勝利的人，還是完顏阿骨打。

政和五年（1115年）正月初一，是完顏阿骨打親自選定的建國良辰。我猜想那天早上，當完顏阿骨打走出他的「額拉格爾」（即漢語居室的意思），與數千名擁護者見面時，他一定沒有像遼國的天祚帝耶律延禧與宋朝的徽宗皇帝趙佶那樣穿著昂貴的龍袍，而是穿著皮製的戎裝。當然，他也沒有巍峨的宮殿與高聳的丹陛。但是，他卻有著在北風中獵獵作響的大旗與四蹄踏雪的駿馬。他向支持他的女真族勇士們宣布，女真人的國家誕生了，國號大金。

從那一刻起，當時中國的遼闊版圖上，出現了四個國號：一個是建都於汴京的宋，一個是建都於內蒙古赤峰市近郊的遼，一個是建都於西北地方的西夏，還有就是這個建都於會寧府的大金。

三

相比於汴京與遼上京，這個位於會寧府的金大都實在是個地老天荒之地。既無層台累榭、參差樓角，亦無錦帷繡幄、美人香

草。因此，完顏阿骨打雖然建立了大金國，但在遼、宋看來，只不過是窮鄉僻壤的幾個蠢賊而已。一直在人們的頂禮膜拜中生活的耶律延禧與趙佶，這次可以說是犯了致命的錯誤。正是這個被他們瞧不起的草莽英雄，卻充當了這兩個政權的掘墓人。

完顏阿骨打稱他的政權為大金國，乃是因為他的部落生活在金水河畔。大金國成立的當年，後來被稱為金太祖的完顏阿骨打就帶領女真鐵騎親自伐遼。他只有兩萬人的部隊，面對數倍於自己的契丹人，他屢戰屢勝。宋宣和五年（1123年），他病死於伐遼途中，可謂「出師未捷身先死」。

他的弟弟吳乞買繼承皇位，是謂金太宗。他繼續伐遼事業，10年之後，即宋宣和七年（1125年），女真軍隊相繼佔領了遼國的上京（今內蒙古巴林左旗林東鎮）、中京（今內蒙古寧城縣大明城）、東京（今遼寧省遼陽市）、南京（今北京市）、西京（今山西省大同市）這五座城市，遼政權基本覆亡。剩下一個天祚帝帶著殘兵敗將，逃往今內蒙古巴顏淖爾盟五原以東的沙漠地帶。即便如此，女真軍隊仍不放過。金大將完顏婁寶率數萬大軍將苦苦跋涉於沙漠中的天祚帝合圍，並最終在山西應縣境內的山谷中將其擒獲。

對契丹人來說，這是一個永遠都不能忘記的日子。自李唐以降，契丹這兩個字，幾乎成了驍勇、橫霸的代名詞。在「天蒼蒼、野茫茫」的大草原上長大的契丹人，血管裡流動的似乎都是火焰。他們在唐末之際，在長城內外盡情地炫耀著自己的武力，迫使後晉的小皇帝石敬瑭割讓燕雲十六州以求自保。

趙匡胤開國之後，這燕雲十六州一直沒有收入大宋的版圖。趙家皇帝建都於汴京，乃是不得已而為之。長城在契丹人的手上，華北在契丹人手上，近在咫尺的山西，成了宋與遼作戰的主

戰場。雖然，一部《楊家將》，讓我們對楊令公、佘太君這些抗遼英雄心生崇敬，但在漫長的100多年的遼宋對峙中，宋朝實際上是輸多勝少。大宋的子民們，稱遼兵為「虎狼之師」，可見懼意之深。可是，這樣一個以征戰為能事的民族，竟然慘敗在女真人的手上，這是為什麼呢？

讀過這一段歷史的後人，相信都會發出這樣的叩問。可能有人會說，這是野蠻戰勝文明。這是文化優越論者的觀點。客觀地說，這觀點有一定的道理，強盛的國力與先進的文化並沒有必然的聯繫。

中國的漢文化講究「仁」，講求溫文爾雅。這樣一種文化觀很難培養雄心萬夫的勇士。一個民族的冒險精神，決定了一個民族的擴張能力。以漢文化為主的中華民族的文化，其特質是重文輕武，重享樂而輕冒險，重秩序而輕革新，重當下而輕未來。在和平年代，這種文化的缺陷還不容易發現。但是，設若遇到突發事件特別是遭遇戰爭時，這種文化立刻就會表現出它的脆弱性。

毛澤東在《沁園春·雪》中評述「秦皇漢武，略輸文采；唐宗宋祖，稍遜風騷；一代天驕，成吉思汗，只識彎弓射大雕。」為什麼這些開國之君都非文采之士，風騷之徒？因為創造歷史的大人物，首先必備的素質絕不是吟風弄月的頭巾氣，而應該是「力拔山兮氣蓋世」的英雄氣。

契丹人憑藉這樣的英雄氣，統治了北方中國100多年。當遼國的統治者蛻變為「重享樂而輕冒險」的優雅一族時，他們的優勢立刻就喪失殆盡。玩文化他們玩不過漢人，玩剽悍又玩不過女真人，他們除了滅亡，還會有什麼出路呢？

問題是，遼天祚帝耶律延禧的命運，同樣在等待著宋徽宗趙佶。

四

宮梅粉淡，岸柳金勻，皇州乍慶春回。鳳闕端門，棚山彩建蓬萊。沉沉洞天向晚，寶輿還、花滿鈞台。輕煙裡，算誰將金蓮，陸地齊開。

觸處笙歌鼎沸，香韉趁，雕輪隱隱輕雷。萬家簾幕，千步錦繡相挨。銀蟾皓月如畫，共乘歡、爭忍歸來。疏鐘斷，聽行歌、猶在禁街。

趙佶的這首《聲聲慢》，字裡行間滲透了奢華、滲透了脂粉、滲透了優雅，當然也滲透了令人痛心的腐朽。

中國歷史中兩個詩人皇帝，一個是南唐後主李煜，一個就是這個北宋的趙佶。兩人都有極高的才情，但也都腐朽透頂，昏庸透頂。他們寫出的詞章都十分華麗，文采豐贍，道盡帝王的奢侈。但其中卻找不到哪怕是隻言片語是關心民生疾苦，社稷安危。就說這個趙佶，他是神宗的第十一個兒子。元符三年（1100年）正月，年僅25歲的哲宗駕崩。趙佶憑藉神宗夫人向太后的偏袒和支持，順利地登上皇位。是年，他18歲。

在神宗的十四個兒子中，趙佶完全談不上優秀。比他有資格、有能力繼承帝位的，大有人在。但是，唯獨這個趙佶深得向太后的喜歡，因為他每天都按時到太后那兒請安，極盡謙恭。女人本來就喜歡感情用事，何況還是一個年老的婦人。如果這個老婦人的影響所及僅限於家族，倒也罷了，問題是這個老婦人手中握有為國家挑選皇帝的權力，她的決定直接影響到國運的興衰、社稷的安危、人民的福祉，這就太可怕了。

當時的幸相章惇，雖然名聲也不太好，但是個有見地的人。他是反對趙佶繼位的，認為他「行為輕佻，不可以君天下」，並

提出了其他兩個合適的人選。但向太后拒不採納章惇的意見，執意讓趙佶繼承皇位。900多年後的今天，來看向太后的這一決定，實在是大錯特錯。但又有什麼辦法呢？滿朝文武中，有大智慧的人不少，有真見地的人也很多，但在中國的封建時代，權力並不是根據智商的高低來分配的。一個昏聵的老婦人，這樣輕率地對國家的前途與命運做出了決定。

趙佶的登位，是趙宋政權的一個分水嶺。北宋王朝的輝煌，實際上在神宗執政的後期就已終止。激烈的黨派之爭，已使國勢頹唐。徽宗繼位，若有志於社稷，國事尚有可為之處。因為朝廷中還有大批有志有識之士，只要用好他們，消弭黨爭，則國力仍可逐步加強。

可悲的是，趙佶壓根兒就不想當一個「中興之主」。他一如既往地耽於享樂，沉浸在聲色犬馬之中。他的身邊聚集了眾多的書家、畫家、詞家、道士、蹴鞠高手與青樓妓女。這些人整天陪侍左右，爭相獻技以邀寵。所以，趙佶的書法、繪畫、詩詞都技藝精湛。趙佶的另一個大愛好是嫖娼。儘管後宮佳麗如雲，粉黛成山，這位風流皇帝仍喜歡「吃野食兒」。為了嫖娼方便，他竟然指示太監專門成立一個「行幸局」，安排他的嫖娼事宜。當時，汴京城中有名的妓女，他都曾輕車簡從、青衣小帽前往幽會。這些妓女中，名氣最大的，莫過於李師師。他與李師師的雲雨之歡，早已成為朝野間茶餘飯後的談資。

對於主宰國家命運的最高統治者來說，宰相無小事，皇帝無私事。趙佶的輕佻浮浪，對當時的政壇產生了極為惡劣的影響。由於皇帝的個人行為對整個社會起到了示範作用，12世紀上半葉的汴京，實際上變成了名利場、奢華苑與歌舞地。一些正直的大臣相繼遭貶去職，而以蔡京、童貫、高俅為代表的小人一族，相

繼得寵並竊居高位。

當所有的英雄謝幕，一個時代的悲劇就開始了；當所有的小人登臺，一個政權就意味著走向墓地。

徽宗趙佶登基後胡鬧的二十幾年，也正是完顏氏族建立的大金國勵精圖治積極向外擴張的年代。此處紙醉金迷、春光恨短，彼處金戈鐵馬、殺機正酣；此處英雄氣短、兒女情長，彼處挑燈看劍、沙場點兵。孰優孰劣，不言自明。

應該說完顏氏在對遼國的戰爭中屢屢得手，還是讓徽宗有所警惕。怎奈他身邊的親信中，沒有一個是運籌帷幄的賢臣。這幫人每出一策，國家就被動一步。到了宋宣和七年（1125年）大金滅遼之後，徽宗想在兩個「虜敵」之間玩平衡，意圖「以虜制虜」的策略完全化為泡影。但他還存著一個僥倖心理，就是大金能夠像遼那樣，與北宋劃地為界，遂以每年大量的進貢向大金換取和平。但經過十多年戰爭洗禮的大金，早已不是偏安一隅的「草寇」了。滅遼的勝利助長了完顏氏入主中原的野心。他覬覦的不僅僅是宋朝的金銀珠寶，更是宋朝的膏腴疆土。

在活捉遼天祚帝耶律延禧的10個月後，金太宗吳乞買下令進攻宋朝。金兵分兩路向中原進發。西路以完顏宗翰為主帥，率兵6萬，自雲州下太原，兵逼洛陽；東路以完顏宗望為主帥，亦提6萬勁旅，自平州入燕山，下真定。兩路大軍會師於洛陽城下，然後直搗汴京。

且說東路軍統帥完顏宗望，本是金太祖完顏阿骨打的次子。他在隨父出征的大大小小數百次戰鬥中，從不離父王左右，多次創造以少勝多的奇蹟。正是他窮追不捨，生擒了遼天祚帝，為遼朝的滅亡畫上了句號。因此，他是大金國初年最為重要的將帥之一。此次他首征中原，一路上伐檀州，破薊州，入燕山，攻保

定，克真定，入邯鄲。在宋靖康元年（1126年）正月初二，當西路軍統帥完顏宗翰開始圍困大宋西部重鎮太原時，完顏宗望的東路軍已經渡過黃河，逼近汴京城下。

完顏宗望此次的長途奔襲，完全是孤軍深入，本為用兵之大忌。斯時宋朝各路勤王之師，約有30萬之眾，按理說完全可以合圍金兵，予以全殲。

可悲的是，宋兵雖多，但已久不習戰，未臨戰陣，心先怯之。加之宋朝的當政者早已聞風喪膽，無法身先士卒，組織有效的抵抗。

就在大金國起兵進伐中原之始，徽宗趙佶每天收到城池失守的戰報，便無時不在驚懼戰慄之中。年底，他感到皇帝不好當，於是下詔傳位給兒子趙桓（史稱欽宗），自己去當太上皇。1126年，是欽宗登基的靖康元年，才不過幾天時間，大金國的鐵騎就踹在了這位新皇帝的心窩上。

是年正月初三，聽說金兵渡過黃河，徽宗連夜逃出都城。新登基的欽宗也想溜之大吉，當日凌晨已跨上馬背，被主戰的大臣李綱急速趕來，一把扯住馬轡，才算沒有走脫。

虧得這個李綱，組織十幾萬軍民誓死保衛都城，與完顏宗望的部隊展開惡戰。一連幾天，汴京城內外血流成河，雙方都傷亡慘重。應該說，戰局的發展對宋朝極為有利。守城的軍民士氣高昂，各路勤王之師又紛紛趕來。若再堅持幾天，戰局即可發生逆轉，完顏宗望的東路軍完全可能成為「甕中之鱉」。

但是，同父親一樣軟弱無能的欽宗趙桓，卻派出使者到金營求和。這一下正中完顏宗望的下懷，他已看清戰事發展下去對自己不利。於是同意議和，但提出了苛刻的條件。還沒有等到元宵節，和談已經議定：宋朝向大金納貢黃金500萬兩，白銀5000萬

兩；牛馬各萬匹，帛緞100萬疋；割讓中山、太原、河間三鎮；宋帝尊金帝為伯父……

二月初九，完顏宗望帶著如此豐厚的戰利品班師回朝。氣得吐血的大將軍李綱請求欽宗，讓他率10萬軍隊尾隨金兵，伺機殲滅，被欽宗拒絕。

等到金兵從容渡過黃河，徽宗又車輦浩浩地回到汴京，與兒子欽宗彈冠相慶。充塞朝廷的投降派都紛紛上表，盛讚皇上的決策英明。只有李綱這樣的英雄形單影隻，一壁向隅，潸然淚下。

五

那年我訪問阿城，除了參觀金上都遺址，還參觀了金太祖完顏阿骨打的陵寢。在陵前，我也謅了四句：

> 宋家天子能遊戲，汴京歌舞漏聲遲。
> 如何不住長生殿，卻來此地著羊皮？

著羊皮之說，源於女真人的「牽羊禮」。漢家皇帝為何扯上「牽羊禮」，話又得從頭說起。

金兵首次攻宋嘗到甜頭之後，越發激起了女真人入主中原的雄心。女真人原以為疆域遼闊、物華天寶的宋朝兵強馬壯，偶爾去那裡騷擾騷擾，劫掠一些財物便是勝利。經過一次真正的較量，這才發現宋朝的強大只是虛有其表，銀樣槍頭而已。怯懦的人會使對手產生更大的渴望，在山溝裡產生的完顏家族，這些大字識不得一斗的政治家與軍事家們，現在已經對趙宋皇朝的寶座垂涎三尺了。

第一次出兵回師半年之後，也就是宋靖康元年（1126年）的

秋天，金太宗吳乞買下達了第二次伐宋的詔令。大軍分為東、西兩路，兩位主帥仍然是完顏宗望與完顏宗翰。

西路軍於九月攻陷太原城。第一次伐宋時，西路軍圍攻太原280多天而不克。此次攻陷後，完顏宗翰為報上次之仇，下令殺盡城中男女老少，燒毀所有房屋，僅僅三日，太原城變成了廢墟。

太原是汴京西邊最為重要的軍事要塞，此城一破，等於摧毀了汴京的橋頭堡。此後，大金西路軍連克汾州、平陽、隆德等州府而入河南河陽、孟津，渡過黃河後攻克洛陽，擊破鄭州，而後氣勢洶洶地直撲汴京而來。

東路軍在完顏宗望的統帥下，先於西路軍於十一月抵達汴京城下，切斷了城內城外的一切交通。8天後，西路軍趕來會合，20萬鐵騎給汴京打上了一道密不透風的鐵箍。

大宋的皇都成了一座孤城。

一向直腸子的女真人現在也學會了計謀，他們一面攻城，一面和談。在對待遼與金的問題上，宋朝廷中一直有主戰、主和兩派。完全不具備政治家素質的徽、欽二帝，一直是主和派的首領。說穿了，主和派就是投降派。

試想，一個統治中原的漢人皇帝，為了苟安，竟願意喊女真人的皇帝為伯父。且不談民族的氣節，就連個人的尊嚴也完全不要了。在這樣的兒皇帝的統治下，漢人的精神極度矮化，李綱、宗澤這樣的主戰派反而被皇帝身邊的小人視為妖魔，必欲除之而後快。

女真人把這一點看得很清楚。所以，他們決定以和談為幌子，掩蓋自己吞併中原的野心。果然，主政的欽宗上當了，他以「百姓困乏，無法供養數十萬兵馬於城下」為由，下旨遣散各地

趕來的勤王之師。又聽信小人之言，起用一個叫郭京的妖道出任守城統帥，相信他訓練的「北斗神兵」能驅散金軍，化凶為吉。

統治者往往只須犯一個錯誤，歷史就得重寫，何況趙家皇帝在對待大金的問題上是一錯再錯，其結局難道還需要猜想嗎？

當郭京訓練的7777名「北斗神兵」一遇金兵的刀鋒，即刻就做鳥獸散。各地的勤王之師有的撤退以求自保，有的被金兵擊敗。欽宗感到大勢已去，立即表示求和，並親自跑到金營向完顏宗望表達投降之意。完顏宗望再次向欽宗索要絹1000萬疋、銀5000萬兩等。欽宗一口答應，完顏宗望於是放他回宮籌措。

靖康二年，也就是1127年的正月，還沒有等到過元宵節，金兵再次逼使欽宗來到軍營並將其扣押，要其迅速交足所索的財物。國庫空虛，倉促之間，哪裡能籌措得到如此巨額的金銀？但不用擔心，大宋政權雖然在強虜面前手足無措，但掌控治下的臣民卻是方法一套又一套。欽宗儘管在大金國主面前是「兒」，在老百姓面前仍然是「爹」。為了按時足額繳納罰款，大宋政權不惜使用國家暴力，派兵在汴京城中大肆搜刮金銀。可憐了老百姓，一個月內，金銀幾乎被搜刮淨盡。

金兵如數收到戰爭賠款後，於二月宣布廢欽帝為庶人，並找來汴京府尹徐秉哲，要他按皇宮內侍開出的所有皇室成員的名單如數拘拿。這個徐秉哲，本是徽、欽二帝信任的寵臣，可是如今為求自保，對女真人交辦的這件事情特別賣力。他當即下令坊巷五家為保，不使名單上的人一個漏網。可憐趙宋的龍子龍孫，那些王爺、侯爺、后妃、公主等共3000餘人被悉數拘拿，徐秉哲將他們全部移交給金兵。

四月初一，金軍依然分東、西兩路從汴京撤退。徽、欽二帝及3000餘名皇室人員作為俘虜隨軍出發。在浩浩蕩蕩的隊伍中，

亦有不少民夫趕著馬車隨同前進。這些馬車上裝滿了金軍擄掠來的金銀財寶，以及宋朝歷代相傳的宮廷器物，包括法駕、車輅、禮器、鹵簿、圖書、珠寶、字畫等等，按當時人的說法，是「兩百餘年府庫積蓄為之一空」。

趙匡胤創立的北宋王朝，經歷了168年的春雨秋風，至此畫上了淒涼的句號。

六

經過將近一年的艱難跋涉，徽宗、欽宗這兩個亡國之君，在金軍的押送下，終於走到了位於阿城的金上京。

這是怎樣的一年啊，昔日的王公貴族，如今都是蓬頭垢面的囚犯。白天食不果腹，夜裡臥於榛莽。走到離汴京只有數百里的邢臺，徽宗的兒子、欽宗的弟弟燕王趙侯就被活活地餓死了。金兵找來一個餵馬的槽子，作為他的棺材入殮。看到兒子兩隻腳搭在槽子外面，被草草埋葬，徽宗哭道：「皇兒葬於斯，也算中原故土，為父卻要成為異鄉之鬼了。」同行者聞此哀音，無不痛哭失聲。

漫漫長途上，徽、欽二帝有足夠的時間反省自己的過去。沒有了歌舞，沒有了蹴鞠，他們的沮喪與痛苦，只能通過詞作來體現。

徽宗趙佶的《眼兒媚》：

> 玉京曾憶昔繁華，萬里帝王家。
> 瓊林玉殿，朝喧弦管，暮列笙琶。
> 花城人去兮蕭索，春夢繞胡沙。
> 家山何處，忍聽無笛，吹徹梅花。

欽宗趙桓的《眼兒媚》：

> 宸傳三百舊京華，仁孝自名家。
> 一旦奸邪，傾天拆地，忍聽琵琶。
> 如今在外多蕭索，迤邐近胡沙。
> 家邦萬里，伶仃父子，向曉霜花。

父子二人的《眼兒媚》，顯然是唱和之作。從詞句來看，兒子的反省能力比之父親稍微強一點。他抱怨奸邪誤國，雖然不錯，但卻將自己的責任推卸淨盡，仍可謂到死糊塗。

從汴京到會寧府，行程六千餘里。這麼遠的路程，既無輜輿，亦無馬車，對於趙家皇帝以及公子王孫、如花美眷來講，這是一次極為艱難和恐怖的旅行，既沒有尊嚴，更沒有歡樂。然而被徹底剝奪尊嚴的事，卻是在抵達金上京後發生的。

大約是宋建炎二年（1128年）的初夏，徽、欽二帝及其宗室隨從來到金上京的第二天，金太宗吳乞買即下令讓他們去祭拜金太祖完顏阿骨打的陵寢。他們不是作為皇帝而是作為戰俘來到金太祖的陵園，女真人讓徽、欽二帝脫下衣服，袒露上身，然後現宰兩隻綿羊，剝下血淋淋的羊皮披在兩位皇帝的身上。讓他們以這種極盡侮辱的裝束，一步一叩首，繞著完顏阿骨打的墳墓轉了三圈。第二天，兩位皇帝又去乾元殿拜見金太宗吳乞買。在那散發著羊膻味的大殿裡，吳乞買鄭重宣佈，封徽宗為「昏德公」，欽宗為「重昏侯」。對這兩位昏君，女真人極盡嘲笑之能事。

所有趙宋皇朝的宗室人員都目睹了這一場侮辱，所有的中原人都聽說了這一場侮辱。

宋朝的歷史，將這個事件定為「靖康之恥」。

七

「靖康恥，猶未雪。臣子恨，何時滅。」

這是抗金英雄岳飛所寫的《滿江紅》中的名句。在北宋對契丹人的作戰中，出了一群楊家將；在南宋對女真人的戰爭中，出了一支岳家軍。在漢人書寫的歷史中，楊令公與岳飛，可謂是家喻戶曉的民族英雄。產生這樣的觀點，乃是因為在過往的漫長歲月裡，漢人將自己與中華民族等同，漢之外的所有民族，都是異端，都屬於「生番」或者「夷狄」。漢人在這樣一些族類面前，表現出天生的優越感。

在現代人看來，族群與國民是兩個概念，一個國家的公民可以由不同的族群組成。但在800多年前，民族與國家是一個概念。漢人就是中國，中國就是漢人。所以，當女真人擄走了徽、欽二帝，漢人並不認為這是兩個政治集團的角逐，而是視為「夷狄」亂華的國恥。

所以，宋靖康二年（1127年）後，「靖康恥」成了漢民族的一道無法彌合的傷口，一提起這件事，多少人涕淚橫流。但是，也有人表面痛苦，內心卻藏著歡喜。這個人就是趙構。

趙構是欽宗的弟弟，趙佶的第九個兒子，人稱「九殿下」，後封為康王。當二帝被擄之後的一個月，即靖康二年五月初一，趙構在今河南省商丘繼位，史稱宋高宗。

趙構比之父親趙佶與哥哥趙桓，其「恐金症」是有過之而無不及。他雖一度任命李綱為宰相，讓他拯救國難，與大金國作戰。但幾個月後，他又轉而重用投降派汪伯彥、黃潛善之流，讓他們代表南宋小政權與大金國媾和。他向金軍統帥完顏宗翰開出

的求和條件是以黃河為界，宋與金隔河分治。並主動下令讓尚在
河北等地堅持抗金的將士南撤，把大片土地拱手送給大金。

　　但此時的大金，雄心早已越過了黃河，完顏氏族想取代趙宋
成為全中國的主宰。宋靖康二年（1127年）年底，金太宗下令第
三次出兵攻打宋朝。挾前兩次勝利之餘威，金兵擴充很快，短短
12年間，由數千遊騎擴充為80萬兵馬，且士氣高昂，完全可以說
是當時世界上一支最具有攻擊力的部隊。

　　此次金兵分三路南下：東路軍由完顏宗輔與完顏宗弼（即金
兀朮）統率，自燕京經滄州搶渡黃河進擊山東；中路軍由完顏宗
翰率領自雲中下太行，由河陽越過黃河直入河南；西路軍在完顏
婁室帶領下，由同州（今陝西省大荔）取道關中，兵逼陝西。

　　面對八十萬的「虎狼之師」，趙構害怕重蹈父兄的舊轍，連
忙攜百官逃到揚州。在這座紙醉金迷的城市裡住了不到一年，又
因這裡離中原的戰場太近，趙構再次下令將行宮遷到杭州。從
此，趙構永久地放棄汴京，把南宋的都城建在了杭州。

　　關於杭州，我們有太多太多的話題。江浙歷來是人文淵藪之
地，溫柔富貴之鄉。自古就有「上有天堂、下有蘇杭」之說。

　　無論將生活的舒適度分成多少個指數，在漫長的歷史中，蘇
州與杭州都會名列榜首。

　　珠璣羅綺，美女珍饈，絲竹弦管，湖光山色……這些應接不
暇的誘惑，令人心旌搖盪的氣象，對於一般的國民來講，是難得
的福氣，是神仙般的生活。

　　可是，對於執政者來講，則必定是迷亂心志的毒藥。古往今
來，一個貪圖享樂的政權，從來都無法逃脫被消滅的命運。

　　縱觀歷史，在東南建都的政權，於南宋之前，有梁、陳、南
唐，都是短命的。其原因就是這一塊有「天堂」之稱的膏腴之

地，會不知不覺地讓人忘記憂患，且薰染出執政者的脂粉氣，而不會磨礪出他們的英雄氣。

趙構從來杭州的第一天，就註定了南宋要被消滅的命運。

史載趙構於建炎三年（1129年）正月遷都杭州。此時的中原，黃淮之間，正飽受金人鐵騎肆意踐踏，抗金的將士為保社稷，都在進行艱苦卓絕的戰鬥。而趙構在這國家面臨生死存亡的關頭，仍沒有最起碼的危機意識，控制他大腦神經的，依然是「享樂」二字。他在來杭州一月之後，便帶著愛妃寵臣，車輦如雲浩浩蕩蕩來到錢塘江邊觀潮。

面對這一幫昏君庸臣，有一位叫做林升的詩人，寫下了十分沉痛的詩句：

> 山外青山樓外樓，西湖歌舞幾時休？
> 暖風熏得遊人醉，直把杭州作汴州！

八

看過太多的勝殘去殺，體會過太多的悲歡離合，人們可能會得出這樣的結論：歷史中沒有絕對的勝者。任何一個政權，都無法逃脫興衰更替的命運。但是，一個政權享祚時間的長短，還是有一定的規律可循。

比之漢、唐、明、清，宋朝的開國皇帝氣度要仄小得多。趙匡胤獲得政權並沒有歷盡艱辛，且屬於宮廷政變的性質。所以，宋朝的「王氣」始終沒有養起來。此處所說的「王氣」，不是指皇上號令天下的權力，而是指點江山的能力。自秦自漢自唐，不要說燕雲十六州，就是東北和內蒙古，都一直是中國的版圖。可是唐末動盪期間，契丹人搶佔這一大片國土，另建一個遼國。宋

立國之初，太祖趙匡胤、太宗趙匡義兄弟二人都沒有能力從契丹人手中收復失地，反而每年向遼朝納貢。此後，趙宋的皇帝們與契丹人時而開戰，時而議和，一直處於被動。在開拓疆域與處理民族問題上，趙宋皇帝乏善可陳。終宋一朝，唯有文學可以垂範後世，出了王安石、歐陽修、蘇東坡、黃庭堅、陸游、辛棄疾等一大批傑出的文學家。出現這種現象，與趙匡胤重文抑武的基本國策有關。

這一點，趙匡胤比之唐太宗李世民，可就差得多了。唐太宗不僅器重文人，更整飭武備。文武並舉，絕不會一手硬一手軟。所以，歷史上才產生了盛唐氣象——這至今仍令中華民族驕傲的大國典範。就一般的規律而言，一個開國皇帝的氣度胸襟，便決定了他所開創的王朝的精神走向。如漢高祖劉邦，他吟過「大風起兮雲飛揚，安得猛士兮守四方」這樣雄奇的詩句，他呼喚猛士開疆拓土。這種精神讓後代皇帝所承繼，到漢武帝而趨鼎盛。

趙宋皇帝重文沒有錯，抑武就大謬。詩詞歌賦可以陶冶性情，怡養心靈。但對付契丹人和女真人這樣的剽悍民族，一篇千古傳頌的詩章還不如一根絆馬索有用。即便是文學，如果是大氣磅礴的，積極健康的，提升國人鬥志的，仍是培植國力的重要手段。

遺憾的是，北宋的文學，發展到徽宗、欽宗時期，已是生氣消失，豪情不再了。北宋的最後一位大詩人，是李清照。她的詞作典雅婉約，作為個體，李清照是優秀的、傑出的，但作為一個時代的文學代表，則這個時代的「主旋律」就變成了靡靡之音。噙著淚水吟詠「雁過也，最傷心」，無限感傷地傾訴「人比黃花瘦」。

這種充滿悲情的詩句之所以在當時受到熱捧，真實地反映了

徽、欽二帝統治下的國民已喪失了雄健的氣魄。

南渡之後，曾有智者痛定思痛，描述昔日汴京的臣民「黃髫小兒，但習歌舞；斑白之老，不識干戈」。上有所倡，下有所隨。當踢球的高俅與賣笑的李師師都成為皇帝的座上賓，驟登顯貴之堂，升斗小民除了豔羨，更會仿傚。於是所有的家長都希望自己的孩子能歌善舞，而所有上了年紀的人，從來都不想干戈之事，都以為戰爭絕不會發生。待到金兵攻破汴京，可悲的國民們才驚醒，但為時已晚。

相比於徽、欽二帝與宋高宗趙構，大金國前期的皇帝們行事的風格就要明朗得多，也健康得多。君臣之間，臣民之間，幾乎沒有尊卑等級、貴賤之分。

據史料記載，吳乞買雖然貴為「九五之尊」，但仍然與百姓保持水乳交融的關係。他所住的「皇宮」，也沒有重門深禁，百姓家裡殺了一隻雞，就會跑到「皇宮」裡喊他一道去分享，沒有特殊情況，他都會欣然而往。君臣之間議事，可以爭，可以吵，哪怕面紅耳赤，也不會傷和氣。爭吵完了，意見統一了，君臣們便開始「同歌合舞，略無猜忌」。女真人的歌舞是什麼呢？是踩刀梯、耍火球之類，充滿了矯健，洋溢著剽悍。相比於汴京的靡靡之音、杭州的淺斟低唱，兩者孰優孰劣，不言自明。

再說擊敗遼、宋之後，大金國庫裡的錢多了起來，吳乞買花錢大方了一些。大臣們對他產生了意見，說他違背了太祖完顏阿骨打立下的「非軍需不啟庫存」的祖訓，應接受處罰。吳乞買只得按規矩被大臣們拉出議事大殿，趴在地上「廷杖二十」。吳乞買心悅誠服，並沒有因此報復任何人。

而趙宋皇帝雖然無能，卻從來一言九鼎，君臣之間有絕對的界限。相比之下，女真人早期建立的政權，倒是有點像「人民公

社」的性質。所以，女真人打敗漢人，只是一種表面現象。它的真正的歷史意義在於：一種健康的、硬朗的、平民式的帝王文化，打敗了另一種腐朽的、墮落的、貴族化的帝王文化。

九

2006年元月，我再次應邀前往阿城，參加新修繕的金上京博物館開館儀式。看過大金國的發展歷史後，下午，在零下25℃的嚴寒中，我又來到金上京遺址。厚厚的積雪掩蓋了一切，不要說舊跡，就是連廢墟也看不見。我踩著深深的積雪走了很久很久。不知為何，在這八百多年前的「王氣肇造」之地，我突然想起了辛棄疾的詞句：「醉裡挑燈看劍，夢回吹角連營……」

這樣的詩句充滿了英雄氣概，讀來讓人熱血沸騰。不由讚歎辛棄疾真偉丈夫也。遺憾的是，南宋政權不喜歡這樣的偉丈夫。由此我想到一個國家，如果每個角落都彌漫著享樂之風、奢侈之氣，所有的國民必然就會喪失憂患意識。這是一件十分危險的事情。

2005年，當「超女」出現，數十萬的「粉絲」們為之癡迷，為之瘋狂時，我的心中就產生了一種不好的感覺。出幾個超女，原也是多元化社會的自然現象，並不值得大驚小怪，但要引起警惕的是，如果這些青少年——我們這一時代的「黃髫小兒」，其生命只為歌星、影星、球星而狂，還能說，我們國家的精神氣象是健康的嗎？

一個時代沒有英雄並不可怕，可怕的是喪失了產生英雄的土壤。有鑒於此，北宋滅亡的教訓不能不汲取！

1644年，中國的三個皇帝

丁燕石

西元1644年，也就是明朝崇禎十七年，也是清朝順治元年，又是大順朝永昌元年。

紫禁城的黃昏

時間：1644年，大明崇禎十七年，元旦。

地點：北京紫禁城太和殿。

這一年的元旦，皇帝朱由檢比平時更早就上朝了，除了近身侍衛和太監外，御座旁只有一個手執金吾的禮官站班，皇帝詫異地看了他一眼。

「啟奏萬歲，群臣因為沒聽到鐘鼓聲，以為聖駕還沒有出來，所以遲到了。」執金吾者躬身啟奏。

「那就立刻鳴鐘，開啟東西門讓他們馬上進來！」皇帝十分不悅地宣諭。

執金吾者下去傳旨，鐘聲響徹了紫禁城，文東武西列班進入的兩扇門也敞開了。但是等了一會兒，文武百官仍然不見一個進來。皇帝有點焦躁地對身邊的司禮太監說：「那就先去謁太廟，然後再回來受朝賀吧！」這是年年元旦例行的禮儀。

司禮監去到長安門外傳旨時，發現御駕外出所需的鑾輿駕馬和儀仗隊的一百多匹馬都還在御廄中，沒有準備好。但是皇帝已經傳下諭旨要先去謁太廟，金口一出，怎能等待。於是，只好把

長安門外文武朝臣所騎來的馬一齊驅趕到端午門裡，打算暫時用以代替御馬。沒想到這些馬各有其主，而且完全沒受過訓練，嘶叫雜逕，跳躍不受羈勒。司禮監無奈，只好硬著頭皮回稟，為了皇上的安全，還是先等一等吧！

這樣的情況是從來沒發生過的，既然如此，皇帝只好無奈地又改變了他的旨意──還是先受朝賀再謁太廟。他端坐在太和殿正中的御座上，第一次親眼目睹冠帶煌然的文武百官，在持續不斷的鐘聲中，從東西二門逶巡而入，倉皇跪拜，亂作一團。這是他繼承皇位17年來所僅見的。

經過一番折騰，皇帝對於這沒有絲毫喜氣的元旦朝賀大典已經完全失去了耐心。接著，一陣突然而起的大風狂卷而來，黃沙撲面，天色昏暗，對面不見人。於是決定連太廟也不去了，宣諭退朝。滿懷心事，鬱鬱不樂地在風沙中摸索著回到寢宮去。

他摒退了妃子和太監，依照近年來每遇到拂逆時的慣例，沐浴更衣，焚香祝禱，虔誠地請求天上神佛降臨乩壇，指示國事。

這就是1644年，大明崇禎十七年甲申，皇帝朱由檢所度過的一生中，最後一個元旦的早晨。

從上面所說的經過，看起來似乎很不成體統，不像一個已經立國200多年的王朝所應出現的狀況。但是，比起不到100天後的三月十八日，李自成的大順軍前鋒已破京師外城時，皇帝在同一地點、同一時間，親手撞鐘而文武百官不見一人到來，還是要好多了。

相應的，再過3天，也就是三月二十一日，大順王李自成攻佔北京，進駐紫禁城。崇禎皇帝朱由檢已在煤山白縊。同樣的這些文武百官，從前一晚就立在長安門外，天色甫明，不待鐘響就爭先推擠蜂擁而前，要爭得首先朝賀新君的頭籌。由於人數太

多，爭先恐後太過著急，這一群王侯將相還被守門的闖王兵卒亂棍撲打。

短短不到100天的時間，紫禁城的皇宮中，同樣的場景，同樣的人物，出現如此不同的演出，這就是所謂的「改朝換代」。

東北方的一顆彗星

時間：1644年，大清順治元年，元旦。

地點：大清國新建的都城瀋陽皇宮崇政殿。

天還沒亮，才剛滿6歲的小皇帝福臨還在半睡半醒之間，就被母親孝莊皇太后給叫起來，在宮女的圍繞下梳洗和更衣。雖然福臨在三個月之前就已經被擁戴為大清國的第二代皇帝，但今天是他當皇帝後的第一個元旦，有十分繁複而隆重的禮儀在等著他主持。

大清王朝的開國皇帝皇太極，在前一年的八月九日晚「無疾而終」，在經過一番宮廷鬥爭後，皇太極的第九個兒子福臨當上了皇帝，他的兩位叔叔多爾袞和濟爾哈朗成為輔政王。事實上，能征慣戰、實際掌控大部分兵權的「九王爺」多爾袞，才是名副其實的「攝政王」。

元旦的早晨，小皇帝福臨要做的第一件事是到「堂子」裡去祭天和拜祖先。「詣堂子」是女真族特有的風俗，凡是出征或凱旋以及逢年節大事，都要由大汗（後金時稱謂）或皇帝（大清時稱謂）率領諸王、貝勒、大臣等到「堂子」行禮祭天。

經過一番折騰，小皇帝已經完全清醒了，他一邊穿戴，一邊聽著母親的仔細叮嚀。等一切都妥當了，才在叔父多爾袞和侍衛們的簇擁下，首次以皇帝的身分去「堂子」拜天和祭祀祖宗。接下來就是接受諸王大臣和外藩使節（也不過是蒙古與朝鮮而已）

的朝賀。至於一年一度的上表祝賀和進獻貢物都免了，連例行的集體筵宴也停辦了。

今年清朝的元旦如此冷清，和明朝的淒涼完全不同。明朝是因為李自成的大軍已逼近京城，情勢日益危殆；而清朝則是由於開國之君太宗文皇帝皇太極甫於三個多月前駕崩，朝野思念之情猶深，哀戚之情未減所致。皇太極繼父親努爾哈赤之後更開新局，把一個小小的後金汗國擴展成為一個和大明王朝分庭抗禮的大清王朝，再加上朝鮮受降，蒙古來歸，臨終前松錦一戰，更掃除了入關征明的障礙。這一切，都給人們留有濃郁的思念，自然不可能在新喪之際為了元旦而大肆鋪張。

過去的一年多裡，明清之間的戰鬥略有進退，但總的來說，卻是清的贏面多。一場決定性的「松錦之戰」，不但把明朝悉索敝賦的十餘萬大軍和數十百萬糧餉全部搞光，連總督洪承疇、大將祖大壽等僅有的能臣勇將都投降了大清王朝。尤其是錦州、松山、塔山和杏山四個軍事重鎮，全為清軍所破，明朝在關外的遼闊土地上，只剩下了距山海關不過二百里的寧遠一座孤城了。

前幾年，被稱為「流寇」的李自成、張獻忠等反明民間武力，還在國內腹地四處流竄時，大明朝廷從皇帝到群臣都以為那不過是癬疥之疾，要集中全力對付的是東北關外已經立國稱帝，而且多次闖入關內燒殺擄掠威脅京城的大清國。因此在戰略上採取的是「先攘外然後安內」。沒想到「攘外」既連番挫敗，而內部被稱為「流寇」的民間反抗武力則日益壯大，攻城掠地，漸有星火燎原之勢。在頭痛醫頭、腳痛醫腳的情況下，政策急轉彎，決定「攘外必先安內」。

明朝的君臣們以為清國去年八月剛有大喪，內部又有皇位之爭，短時期不致對明朝有大動作；而李自成則從去年正月連續攻

佔湖北的襄陽、荊州、懷安等地，然後北上河南，破洛陽，入潼關，取道陝西商洛地區，在十一月十一日佔領了古都西安。明朝可以用來對付所謂「流寇」的唯一王牌，陝西總督孫傳庭所統率的精銳全數被殲，整個情勢已經到了完全失控的地步。於是決定改用對清採取守勢，爭取和議；對「流寇」則全力圍剿的「攘外必先安內」對策。

因此，崇禎皇帝頒下詔旨，命令吳三桂立即率領所屬軍馬以及寧遠的百姓全部撤到山海關以內。易言之，也就是整個放棄關外這一大片土地。

由於清朝對於關內明朝廷與「流寇」之間互動情勢的急遽變化未能掌握，既不知道李自成等反明武力的動態和發展，也沒有體察到明朝的處境，已經到了危急存亡的關頭，因此在「入關伐明」的這一大戰略上還沒有具體的規劃，更沒有想到一粒熟透了的果實，已經快掉到自己的嘴裡來了！

這就是為什麼大清順治元年的元旦竟然如此平靜、冷清的緣故。

西北刮來的狂風沙

時間：1644年，大順朝永昌元年，元旦。

地點：西安古都秦王府。

當前一年的十月，李自成佔領了古都西安後，在持續的進攻中，輕易取得了大明江山西北部大片土地。大明王朝明顯呈現土崩瓦解之勢，李自成當仁不讓想取而代之。

這一年元旦，李自成正式在西安建立了新政權，建國大順，改元永昌，自己也改名為李自「晟」，並且以明朝分封在西安的秦王府為新順王府，發動大量民夫修整長安城，把城牆加高加

厚，壕塹加深加寬，比原來更加壯麗。這時，按照軍冊所載，大順皇帝李自成已擁有步兵40萬，馬兵60萬，的確有實力可以立國稱帝，與大明和大清分庭抗禮、鼎足而立了。

李自成是在1630年離開家鄉米脂縣，參加所謂「流寇」的反明武力。經過14年的時間，當他再回到故鄉時，已是與大明王朝分庭抗禮的大順國王。古人曾說過：「富貴不還鄉，如衣錦夜行。」李自成也不能免俗，但他有更深刻的感受。

兩年前，大明朝廷將他的祖塋掘毀，為的是他家的祖墳據說埋在「龍脈」上，將要取代大明江山。因此他在戎馬倥傯中一定要回來了解究竟，以使修復原狀。於是他召集當地父老集議，精選工役，完全按照原來的地形、地貌和地脈形勢，甚至坡坎樹木，一切都要恢復原狀，不能有半點差錯。墓地竣工後，舉行了一次隆重的祀典，這才返回延安，並且改延安為天保府，米脂為天保縣。

這　年的正月裡，北京城還發生了一件怪事。

帝都北京，每年都要熱熱鬧鬧地過元宵節。從正月初八開始燃燈，一直要鬧到十八日止，一共十天，九門不閉，燈火通明，金鼓震天，遊人如織。

每天從外地進城的民眾以千百計，都說是進京城來「鬧元宵」的。三五天後有守門的官兵感到奇怪，為什麼每天進城那麼多人，而第二天卻沒幾個出城的？

等過了三個月，當李自成大軍兵臨北京城下時，不但守城的官兵大多不加抵抗，城內且有數千百人鼓噪開城接應。原來正月鬧元宵進城的那些人，正是大順軍的前鋒。他們帶了不少金銀，入城以後，大量收買守城將士。因此，官兵不但不盤查他們，更掩護他們在大順軍攻城時作為內應。三月十九日北京城如此輕易

地失守，這也是原因之一。

這就是——西元1644年。也就是大明朝統治中國276年的最末一年，大清朝入主中原268年的第一年，大順朝建立的第一年，也是滅亡的一年。

雖然大明朝連續出了三個爛皇帝，政治、軍事、經濟都連續爛了六、七十年；雖然長城外的女真族在遼東地區連續擾攘了近三十年；雖然大順軍在廣大中原和西北地方已經竄擾了十幾年；但是，直到這一年——1644年，才真正到了決定性的關鍵時刻。

這一年頭100天裡，大順軍兵不血刃攻下了大明帝都——北京城，崇禎皇帝自縊身亡。清軍得到明朝驍將吳三桂邀請，在山海關一戰，把登基才一天的大順朝皇帝李自成趕出北京城。6歲的小皇帝福臨輕而易舉登上了紫禁城中元、明兩代24位皇帝坐過的寶座，開創了歷時268年的大清帝國。

這就是1644年，一個天翻地覆的年代。

中國古代當貪官的理由

黑暗赫克托爾

《明史》上曾記載了皇帝和監察官員之間的一個鬥智鬥勇的故事。

崇禎元年（1628年），朱由檢剛剛當皇帝。當時他是一個十七、八歲的年輕人，一心想把國家治理好。朱由檢經常召見群臣討論國事，發出了「文官不愛錢」的號召。「文官不愛錢，武官不惜死」，這是宋朝傳下來的一句名言，據說，如此就可以保證天下太平。

戶科給事中韓一良對這種號召頗不以為然，就給皇上寫了份奏疏，問道：如今何處不是用錢之地？哪位官員不是愛錢之人？本來就是靠錢弄到的官位，怎麼能不花錢償還呢？人們常說，縣太爺是行賄的首領，給事中是納賄的大王。現在人們都責備郡守縣令們不廉潔，但這些地方官又怎麼能夠廉潔？有數的那點薪水，上司要打點，來往的客人要招待，晉級考核、上京朝覲的費用，總要數千兩銀子。這銀子不會從天上掉下來，也不會從地裡冒出來，想要郡守縣令們廉潔，辦得到嗎？我這兩個月，辭卻了別人送我的書帕銀五百兩，我交往少，尚且如此，其餘的可以推想了。伏請陛下嚴加懲處，逮捕處治那些做得過分的傢伙。

戶科給事中是個很小的官，大概相當於現在的股級或副科級。但是位置很顯要，類似總統辦公室裡專門盯著財政部挑毛病的祕書，下邊很有一些巴結的人。韓一良所說的「書帕銀」，大

概類似現在中央機關的人出差回京，寫了考察紀行之類的東西自費出版，下邊的人巴結為其出的印刷費。那500兩銀子，按照如今國際市場上貴金屬的常規價格，大概相當於43000多元人民幣。如果按銀子在當時對糧食的購買力估算，大概有現在的20萬元人民幣。那時的正縣級幹部，每月工資大概相當於現在的1000多塊錢人民幣。所以，無論是4萬元或是20萬元，都要算是驚人的大數目。

崇禎讀了韓一良的上疏，大喜，立刻召見群臣，讓韓一良當眾念他寫的這篇東西。讀罷，崇禎拿著韓一良的上疏給閣臣們看，說：「一良忠誠鯁直，可以當僉都御史。」僉都御史大致相當於監察部的部長助理，低於副部級，高於正司局級。韓一良眼看著有望一步登天。

這時，吏部尚書（類似中央組織部部長）王永光請求皇帝，讓韓一良點出具體人來，究竟誰做得過分，誰送他銀子。韓一良哼哼唧唧的，顯出一副不願意告發別人的樣子。於是崇禎讓他密奏。等了5天，韓一良誰也沒有告發，只舉了兩件舊事為例，話裡話外還刺了王永光幾句。

崇禎再次把韓一良、王永光和一些廷臣召來。年輕的皇帝手持韓一良的上疏大聲誦讀，聲音朗朗。念到「此金非從天降，非從地出」這兩句，不禁掩卷而歎。崇禎又追問韓一良：「500兩銀子是誰送你的？」

韓一良固守防線，就是不肯點名。

崇禎堅持要他回答，他就扯舊事。崇禎讓韓一良點出人名，本來是想如他所請的那樣嚴加懲處，而韓一良最後竟推說風聞有人要送。惹得皇上老大不高興，拉著臉對大學士劉鴻訓說：都御史（監察部部長）的烏紗帽難道可以輕授嗎？接下來訓斥韓一良

前後矛盾，撤了他的職。（參見《明史》卷二百五十八）

韓一良寧可叫皇帝撤掉自己的官職，斷送了當大臣的前程，甚至頂著皇帝發怒將他治罪的風險，硬是不肯告發那些向他送禮行賄的人，他背後必定有強大的支撐力量。這是一種什麼力量？難道只是怕得罪人？給事中就好像現在的檢察官，檢舉別人乃是他的本職工作，也是他獲得聲望的源泉。怕得罪人這種解釋的力度不夠。

細讀韓一良的上疏，我們會發現一個矛盾之處。韓一良通篇都在證明愛錢有理，證明官員們不可能不愛錢，也不得不愛錢。韓一良說得對，明朝官員的正式薪俸確實不夠花。而他開出藥方，卻是嚴懲謀求俸祿外收入者。這恐怕就有點文不對題。

明朝官員的正式工資是歷史上最低的。省級的最高領導，每年的名義工資是576石大米，折成現在的人民幣，月工資大概是11780元。正司局級每年的名義工資是192石大米，月薪大概相當於3930元人民幣。七品知縣，每年的名義工資是90石大米，合月薪1840元人民幣。韓一良這位股級或副科級幹部，每年的名義工資是66石大米，折合人民幣月薪1350元。（參見《明史·職官志》）

我反覆強調「名義工資」這個詞，是因為官員們實際從朝廷領到的工資並沒有這麼多。那時候發的是實物工資，官員領回家的有大米，有布匹，有胡椒和蘇木，還有銀子和鈔票。不管領什麼，一切都要折成大米。

於是這個折算率就成了大問題。《典故紀聞》第十五卷曾經詳細描述成化十六年（1481年）戶部（財政部）是如何將布折成大米的。朝廷硬把市價三、四錢銀子的一匹粗布，折成了30石大米。而30石大米在市場上值多少錢？至少值20兩銀子！假如按照

這種折算率，完全以布匹當工資，縣太爺每年只能領三匹粗布，在市場上只能換一兩銀子，買不下二石（將近200斤）大米。這就是說，朝廷幾十倍上百倍地克扣了官員的工資。至於明朝那貶值數百倍、強迫官員接受的紙幣，就更不用提了。

總之，明朝的縣太爺每個月實際領到的薪俸，其實際價值不超過1130元人民幣。

火焚圓明園的罪魁禍首

施曉慧

在搶劫和燒毀北京圓明園的暴行中，有兩名英國人和一名法國人是罪魁。其中，兩名英國人又是最終決定放火燒毀圓明園的禍首。

一個是埃爾金，蘇格蘭人，世襲伯爵貴族頭銜。他曾任加拿大總督，第二次「鴉片戰爭」時是派駐北京的高級專員。1861年調任印度總督，1863年病死在印度。有英國史學家評論他是「極其野蠻之人」。

另一個是格蘭特（當時中國譯為克靈頓），也是蘇格蘭人。他是英國維多利亞時代瘋狂擴張殖民地的得力戰將。晚年埋頭著書，逐一記錄他所經歷的戰爭，成為英國軍訓教案。

在格蘭特死後出版的《1860中國戰爭紀事》一書中，他描寫了搶劫和燒毀圓明園的一些情節，字裡行間浸透著侵略者的傲慢以及他們決定燒毀圓明園的強盜邏輯。

格蘭特是當時進軍北京的英國國王龍騎兵的司令。1860年10月7日上午，他與埃爾金率軍趕到圓明園時，法軍已經到達了。

格蘭特在書中寫道：「我們發現法軍已經紮營在晉見大廳的入口附近，眼前一片可憐的景象：所有東西都被搶劫了。最主要的大殿裡擺滿了精美高貴的玉石、最精緻的雕刻、富麗堂皇的中式古瓷瓶、彩釉瓶、青銅器和無數美觀的鐘錶，其中許多鐘錶是英國和其他國家駐華大使贈送的禮物。

「法國將軍蒙托班狡猾地對我說，他保留的任何財寶可以分給英國一半……我和蒙托班達成協定，所有留下的財寶應該雙方軍隊平分……蒙托班告訴我，他已經發現了兩根用黃金和綠色翡翠製作的權杖。他說一根給我，作為獻給英國維多利亞女王的禮物；另一根他留下，獻給法國拿破崙皇帝。

「第二天，即10月8日，在夏宮（圓明園）的一座廟中又發現了大量金銀，另一間屋中裝滿了華貴的絲綢和皮毛。這些財寶被平分給法軍和英軍。

「10月10日，留守北京的恭親王奕訢請求去看看夏宮。我同意了，給他派了護衛隊……奕訢自己坐在一個小湖邊，頭埋在兩手中，放聲痛哭。他說，什麼都丟了，他自己真不如死了……」

據稱，當時英軍有二十幾個俘虜被清軍押在這裡。英軍為他們被殺的俘虜舉行葬禮後，格蘭特寫道：「埃爾金和我認為，必須讓中國皇帝見到嚴厲的懲罰，讓他們付出代價。我們最後決定，燒掉這座壯麗的夏宮。法國將軍蒙托班反對這個摧毀行動，不與我們合作。」

對此次行動的理由，格蘭特在給上司的報告中寫道：「我榮幸地指出我希望摧毀圓明園的理由。第一，因為囚犯在那裡受到了殘忍的對待，手腳被綁3天，不給吃喝；第二，中國政府違反了國際法律，英國要更永久地表示我們對這種殘忍方式的感覺。如果我們現在和平地簽署條約和撤退，中國政府將以為我們的同胞可以被抓和謀殺而不受處罰……當時我們已經探知，圓明園被認為是中國最重要的地方。摧毀它完全是為了打擊中國政府……我進一步支持埃爾金，並要求參加行動。」

格蘭特最後寫道：「10月18日，約翰·米切爾將軍的軍隊和更多的騎兵進軍到那裡，整個建築群在大火裡燃燒，火光沖天。

我也為毀掉如此多的古老壯麗的宮殿悲傷，感覺是一種不文明的行動。但是我相信作為對中國謀殺歐洲外交使節和違反法律的進一步警告，是必要的。我們已經寫信給恭親王，陳述了我們燒宮殿的意圖，要求賠償30萬兩白銀給被殺的囚犯家庭。法國也以同樣目的，要求賠償20萬兩白銀。恭親王答覆：錢馬上付，條約準備10月23日簽署。」

一個八國聯軍軍官在陷落的北京

〔法〕皮埃爾·綠蒂

進入紫禁城的第一夜

我與法國公使館人員在我的住所共進最後一頓飯。一點半時，我借用的搬家用的兩輛中國大車到了，裝上不多的行李，帶著我的隨從，我們走向紫禁城。

中國大車都很小，厚重，沒有一根彈簧。送我的車像靈車，外面包了深灰色的絲綢和寬寬的黑色天鵝絨。我們坐在上面被寒風抽打，任雪片飛舞，灰塵讓人睜不開眼睛。

我們先是經過了使館區，到處是廢墟，到處是士兵。隨後來到更加偏僻、幾近荒蕪的中國街區，滿眼廢墟，天空中白色、黑色碎片到處飛旋。街區主要的通道、門口、橋樑處可見到歐洲或日本的警衛。實際上，整個城市都有士兵守衛著，不時還有勤務兵和印有國際紅十字會標誌的救護車經過。

法國公使館的翻譯指著紫禁城告訴我，這是紫禁城的第一道圍牆。高高的城牆，血一樣紅，我們顛簸著穿過大門。其實那不是門，而是由英國派來的印度士兵開鑿的缺口，厚厚的城牆被打通了。

北京另一端遭受的毀壞相對輕些，一些街道上的房屋仍保留著金色木頭的裝飾和屋簷上那一排排的動物雕飾。當然，一切都搖搖欲墜，或生了蟲，或被火焰烤過，或被廢銅爛鐵包圍著。有

些地方生活著貧困的下等人，擁擠不堪，他們身上穿著羊皮襖或藍棉布破衣服。後來看見的是一些輪廓不清的土地、灰燼、垃圾，狼群和飽餐死人肉的駭人的狗群混雜在一起。入夏以來，屍體已經不能滿足牠們了。

另外一道城牆出現了，還是血色。我們要通過另一道大門，門上裝飾著彩釉陶器。嚴格地講，這才是紫禁城的大門，從來無人進入的地帶。我們猶入奇景，踏進神祕的大門……

進去之後，我十分驚訝，因為裡面根本不是一個城市，而是一片樹林。一片陰暗的樹林，枝葉間烏鴉呱呱亂叫。這裡樹的種類與天壇的一樣，有雪松、側柏、柳樹，都是上百年的大樹，形狀扭曲，與我們國家的樹木有差別。

遠處，可以看見樹木下依稀分布著一些孤零零的古老王宮，琉璃屋頂，門前蹲著大理石怪獸的雕像，樣子十分可怕。

然而，我的陪同者非常肯定地對我說，中國皇城不總是如此陰森。他向我保證說，這裡有世界上獨一無二的皇家園林，我在此逗留期間肯定會有很多陽光明媚的溫暖時光。

「現在，」他說：「請看，這是荷花湖，這是玉橋。」

荷花湖！我想像著，眼前出現一片荷花，亭亭玉立於水上，同中國詩人吟唱的一模一樣。就是這裡！就是這個湖，這片憂鬱的沼澤上卻漂浮著被風霜打得焦黃的枯葉！

玉橋！對，架在一排白柱子上的白色拱形橋，這優雅精緻的曲線，這一行行頭上雕著怪物的圓柱，跟我的想像完全吻合：十分典雅，極具中國風情。不過，有一點我萬萬沒有想到，那就是蘆葦叢中會有兩具已全然腐爛的屍體，上面漂著破爛衣衫。

在一堵灰色的牆中間，一個非洲警衛守護在一個缺口旁。一邊有隻死狗，另一邊是散發著屍體氣味的一堆破爛衣服和垃圾。

這好像就是宮殿入口處了。

我們走進一個堆滿廢物的院子，我的上尉副官Ｃ上前迎接我們。此情此景又怎能不讓人相信，他們曾向我許諾的豪華行宮不過是場夢！

然而，在這個院子的盡頭，我看見了富麗豪華的第一處象徵：一個優雅輕盈的玻璃長廊。從外表看，在這一堆廢墟中它是保存完好的建築。通過玻璃可以看見閃光的金漆、陶瓷和繡著龍及雲彩的皇家綢緞……宮殿的幽深處在遠處是看不出來的。

來到這個奇怪住所後的第一頓晚餐，讓人難以想像！我們幾乎是在黑暗中用完晚餐的。我和副官穿著高領軍大衣，坐在一張紫檀木桌子旁，渾身打顫。勤務兵也不例外，端著菜的雙手也瑟瑟發抖。那支從祖先祭台廢墟裡撿來的小紅蠟燭在風中搖曳，幾乎什麼也照不著。

宮中使用的盤碟都是用極珍貴的陶瓷製作的，呈黃色，上面有帝王的年號，與路易十五同一時代。但是，我們的葡萄酒和渾濁的水卻盛放在一些不倫不類的瓶子裡，瓶塞是士兵用刀雕的馬鈴薯塊。瓶子裡的水經過無數次煮沸，因為井裡的水被屍體污染，有可能傳染疾病。

我們在長廊裡用餐，長廊很長很長，消失在黑暗裡，依稀還能看出帝王的奢華，到處都鑲了一人多高的玻璃。這扇脆弱的玻璃牆將我們與外面的世界隔開，外面到處是廢墟和屍體，一片淒慘黑暗。我們有一種感覺，總覺得小蠟燭光吸引的鬼怪的游移的形體在空中飄浮，可以從很遠處看到我們坐在桌旁。

想到這些，我們很害怕。我們快要凍僵的腳踩在皇家黃色的地毯上，厚厚的羊毛，上面繪著五爪的龍。在我們旁邊，在即刻就要燒盡的蠟燭光下，閃爍著巨大的景泰藍香爐，架在金色的大

象頭上。奇異漂亮的屏風立在一旁，釉彩鳳凰展開了美麗的翅膀，皇座、怪獸……古老而昂貴的寶物。我們渾身塵土，精疲力竭，狼狽不堪，邋遢齷齪，坐在那裡，談不上絲毫風雅，就像粗魯的野蠻人闖入了仙庭。

僅三個月的光景，三個月前這裡曾是何等的笙歌豔舞啊！沒有死一般沉寂，處處是音樂與鮮花，留下生命活力的迹象。宮廷貴族與侍者們身穿綢緞，行走在如今已經空蕩蕩、被毀壞的庭院裡……

大氣嚴寒逼人，好像魂魄都已凍僵，我們實在沒有勇氣繼續抽菸聊天了。享樂的心情全無，只希望能儘快進入夢鄉。

C上尉分管這片宮殿，他手持提燈，帶著很少的幾個隨從，把我引進房內。房子自然是在一層，因為中國的古建築從來都不是高層。同我剛剛離開的長廊一樣，室內室外僅僅靠玻璃、薄薄的白絲綢簾子和千瘡百孔的綿紙屏風隔開。房間的玻璃門連插銷都沒有了，只能用一根繩子繫住。

地毯質地優良，很厚實，像墊子一般。我的皇家大床是用紫檀木雕刻的，褥單和枕頭都用珍貴的絲綢做成，上面飾有金絲。沒有被子，只有士兵用的灰色羊毛被。

「明天，」上尉對我說：「你可以到皇帝的倉庫裡根據自己的愛好選擇一些物品，用來裝飾這個房間。隨便選幾件物品，不會有問題的。」

我沒有更衣，和衣躺在嵌有金絲的美麗絲綢床上，只是在我那單薄的灰色被上加了一張老羊皮和兩三件繡著金色怪物的龍袍。換句話說，我把所有能找到的東西都蓋在身上。我的兩個隨從以同樣的方式睡在地上。在吹滅祭臺上的紅蠟燭前，我下意識地強迫自己適應眼前的環境。可以說，西方野蠻人的形象自晚餐

後開始濃重了許多。

黑暗中寒風肆虐，撕毀從綿紙頂棚到磚地之間的一切，在我頭上盤旋，好似某種夜鳥的翅膀連續扇動著。半睡半醒之間，我偶爾聽到黑夜裡遠方傳來的槍聲或慘叫⋯⋯

李鴻章的召見

李鴻章同意9點鐘同我會面，時間有些晚了，我便急匆匆離開後宮的住所。

一位非洲步兵跟著我，給我們引路的是一名派來的馬夫。馬兒先是一路小跑，穿過寂靜與塵埃，沿著皇宮高大的圍牆和變為沼澤的水溝前進。

走出「黃城」後，有了生活的氣息，出現了市井的雜訊。我們已經習慣了宮中的孤獨，每次出宮來到京城百姓中間，幾乎都會為熙熙攘攘的人群感到吃驚。實在難以想像，簇擁在市中心各個地方的樹林、湖泊和遠方的景致全是人造的，酷似鄉村。

半小時的狂奔後，我們進入了一條沒有盡頭的小胡同，在一間破爛的房屋前，塵土終於落下了⋯⋯宮殿庭院和珍稀物品李鴻章應有盡有，家藏萬貫，又是太后面前始終沒有失寵的大臣，中國的名流⋯⋯他可能住在這裡嗎？

不知何因，也許很複雜，這房子的入口處由一隊哥薩克士兵把守。大門齷齪，玫瑰花圖案單調幼稚。我被帶入院子深處的一間房內，裡面雜亂無章。屋子中央擺放著一張桌子和兩三把紫檀木沙發，雕工不錯，但僅此而已。屋裡大箱子、小箱子、盒子東一個，西一個，被子掀開著，好像是準備逃亡。在街口迎接我的那位中國人，身穿絳紫色絲袍，他請我坐下，上了茶。他是這裡的翻譯，法語講得準確，而且用詞高雅。他對我說：「已經去通

報中堂了。」

片刻，另一個中國人把我帶進一個院子。在一間會客室的門口，一位身材高大的老人走過來迎接我。他由兩個僕人攙扶著，個頭比他們整整高出一頭。他身材魁梧，高高的顴骨上是一雙細小但目光深邃、炯炯有神的眼睛。儘管他的棉袍上顯露出斑點，有些破舊，但他仍顯得很精神，有大老爺氣派。（別人事先曾對我說：「中堂認為，在這可惡的日子裡應該裝束得樸素些。」）

他先是詢問我的年齡和收入（這是中國的一種問候方式），又一次問候我後，才開始交談……

談完當天的熱點話題後，李鴻章對北京變為廢墟表示痛心。

他說：「我訪問過整個歐洲，參觀了所有國家首都的博物館。北京也有自己的博物館，『黃城』本身就是一座大博物館，有著幾百年的歷史，可以與你們的任何一座博物館媲美……可是現在，這座博物館被毀掉了……」

他隨後打聽我們在後宮做些什麼，很有分寸地詢問我們是否在那裡損壞了什麼。

我們做過什麼，他比我們還清楚，因為到處都是探子，我們的腳夫裡都有探子。我告訴他，我們在宮裡沒有破壞任何東西。這時，他那深不可測的神色中流露出幾分滿意。

會見結束後，我們握手告辭。李鴻章還是由那兩個矮他一個頭的僕人攙扶著，他一直把我送到院子中央。當我在門口向他做最後的道別時，他再次提醒我送他一本我寫的北京紀實（如果我有時間的話）。這位中國《一千零一夜》中的老王爺，身著破舊的衣袍，在淒涼的氛圍中接待了我，他能接待我大概因為我是文官。儘管他熱情得體，但我時時刻刻都感到他那難以掩藏的不安的眼神，也許是輕蔑和諷刺的眼神吧！

太后出逃時丟棄的繡花鞋

穿過兩公里廢墟後，我來到歐洲使館區，目的是向生病臥床的法國公使告辭。因為最遲後天我就要離開北京，回到艦艇上去。

剛剛出來，正當我想騎馬回「黃城」時，公使館的一個人熱情地告訴我一個資訊。在金水河南邊的一個小島上，樹木遮掩著太后那弱不禁風的宮殿，她在那裡度過了最後幾天驚恐的日子，然後坐著大車倉皇出逃。太后就住在宮殿「第二道院子左手第二間臥室」，那裡有一張雕刻的臥床，地上有一雙繡著蝴蝶和花的紅色絲綢鞋，這雙鞋非她莫屬。

我立刻奔回「黃城」，在玻璃長廊裡急匆匆地吃了飯。唉，那些漂亮的古玩開始被放到新櫃子裡了。我和兩個侍從很快就出發了。

差不多走了兩公里後，我們不費吹灰之力便找到了那個小島。宮殿坐落在白色的大理石基座上，看上去漂亮纖弱。在百年古樹的綠色波浪後，那金色的琉璃瓦屋頂和繪著彩畫的圍牆是那麼珍貴、清新。

宮殿的大門敞開著，通向大門的臺階又是那麼潔白無瑕，各種各樣珍貴的物品碎片散落在上面：皇家瓷器碎片、燙金漆器碎片、四腳朝天的青銅小龍，還有玫瑰色絲綢和一束束假花。是不是蠻夷之人已經光顧這裡？哪個國家的？肯定不是法國人，不是法國士兵，因為法國士兵從未受命步入「黃城」。

進入內院，到處一片荒涼，一群烏鴉由於我們的到來呼啦啦展翅而飛。遍地都是漂亮而珍貴的女性使用的物品，但都被肆意毀壞了。

「第二道院子左手第二間臥室裡！」就是這裡……裡面有一

個寶座，幾張椅子，一張很矮的、上面手工雕琢著神鬼的大床，但一切都被毀壞了。肯定是用槍托砸碎的，玻璃全碎了。以前，太后正是透過這些玻璃欣賞河面的波光、粉色的荷花、大理石橋、小島以及所有的人造或天然的景色。另外，牆上掛著一幅寬寬的精製的白色絲綢，著名藝術家用毛筆、淡色的顏料在上面繪出比真荷花大許多的荷花。但此時此刻，在秋風的摧殘下，荷花的葉子與花瓣都已凋謝，一幅衰敗的景象。

我迅速在那張大床下尋找，下面是一堆堆的手稿和華麗絲綢衣服的碎片。我的兩位侍從像拾荒者一樣，用棍子在床下亂攪，一會兒工夫就找到了我要找的東西：先是一隻，然後又是一隻。一雙紅鞋，令人驚歎，更是滑稽！

這不是一雙為中國裹腳女人準備的三寸小鞋，因為太后是滿族人，沒有裹腳，只是她生就一雙小腳。這是一雙十分普通的女式繡花鞋，鞋的怪誕在於它的跟，足有30公分高。整個鞋底都那麼厚，像雕像的基座一樣，逐漸增大，可能是用很多層白色的皮革做成。沒有這鞋底，似乎人會摔倒。

我還從沒見過這種女鞋。現在的問題是怎麼把鞋帶走，而不至於讓路上可能碰到的哨兵或巡邏隊認為我們掠奪了物品。

奧斯曼想把鞋用繩子拴在雷諾的腰帶上，掩蓋在軍大衣長長的下擺裡面。一切像變戲法，我們讓他試著走路，讓他走起來盡可能自然些，以防被別人看出來。我一點也不感到內疚，我甚至猜想，如果昔日那漂亮的太后從遠處看到這一幕的話，她肯定是第一個嘲笑我們的人……

李鴻章在日本議和祕聞錄

佚　名

　　1895年甲午一戰，李鴻章苦心經營20年的北洋海軍全軍覆沒。對於李鴻章而言，甲午戰敗是他一生的恥辱，簽訂《馬關條約》更是他一生最大的恥辱。熟悉外交事務的李鴻章，不得不聽從島國晚輩伊藤博文的擺佈。

　　戰前，李鴻章在1894年6月中旬曾經請俄國和英國駐華公使出面調停中日之爭。但英國人此時正想拉攏日本制衡沙俄，不願意蹚這個渾水。英國領事曾告訴李鴻章，英國政府請日本與中國共同退兵。但也僅此而已，別無下文。俄國公使喀西尼也告訴李鴻章，沙俄政府會不惜以逼迫的手段壓制日本人。李鴻章信以為真，一心等待俄國人出面，但最終卻不見動靜，導致軍事部署被動和延誤。

　　平心而論，甲午戰爭的失敗，並非李鴻章一人之責，而是清政府腐敗所致。由於海軍軍費被挪用修建頤和園，自1889年以來，海軍未添新艦，未置新炮，連彈藥也多為過期、不合格、不配套的產品。北洋海軍在作戰中，炮彈發射速度慢，炮位少，炮彈擊中敵艦要害部位後竟穿而不炸。北洋海軍被日軍圍堵在威海衛之際，清政府竟不發援軍，眼看著艦隊被日軍圍殲。艦隊外籍顧問又夥同候選道、牛昶炳等人，威逼北洋水師提督丁汝昌簽字投降。眼見大勢已去，生性懦弱的丁汝昌不禁悲從中來，服毒自盡。

日本人點名要李鴻章出面談判

仗打到這個分上，派員議和已不得不提上議事日程。李鴻章左思右想，覺得如果在日本志得意滿、趾高氣揚之時，派大員貿然前往，恐怕會遭日方奚落。因此，他在給恭親王奕訢的信中，提出了一個出人意料的建議：「在下與張蔭桓等人再三商量，覺得現在只想派一名忠實可信的洋員前往，既容易得知對方的意圖，又不會引起對方的懷疑。」李鴻章最終選定的這個人物，就是在天津海關工作20餘年的德國人德璀琳。

對於德璀琳，李鴻章在同一封信中寫道：「德璀琳在天津工作20多年，對我很忠心，中法議和等事他都暗中相助。先前伊藤博文到天津與我訂約時，他認識伊藤幕僚中的一位英國人，於是又從中相助，很是得力。如果讓他前去日本酌情辦理講和一事，或許能夠相機轉圜。」

在日本方面，外相陸奧宗光在得知清政府準備派洋人來日本代為商談議和事項之後，馬上與首相伊藤博文進行會商。他們認為，現在還不是與清廷停戰的最佳時機，日本應力圖擴大戰果，佔領東三省部分領土，以此來逼迫清政府做出更大的讓步。更何況，中國政府此時派來的是一名洋人，很可能是來打探虛實的，日本政府不得不防。因此，二人商定不見德璀琳，迫使中國政府派出更高規格的代表。

德璀琳碰了一鼻子灰，灰溜溜地回到中國。1895年2月1日，清政府又派張蔭桓和邵友濂二人赴日，到達日本人指定的談判地點廣島。但伊藤博文對二人百般刁難，甚至不允許他們發密電和北京取得聯繫。到達日本的第二天，雙方互換國書。伊藤博文發現張蔭桓和邵友濂所攜帶的國書文字中有「一切事件，電達總理衙門轉奏裁決」字樣，遂認定二人授權不足，與國際談判的慣例

不符，於是拒絕與他們談判。張蔭桓和邵友濂急忙寫信給陸奧宗光，申明光緒皇帝的確向他們授予了議和全權。日本方面依然不依不饒，甚至駁回了張蔭桓和邵友濂發電報給國內修改國書文字的請求，還藉口說廣島是日本軍事重鎮，不許閒雜人員逗留，將張蔭桓和邵友濂趕到了長崎。

就在張蔭桓和邵友濂被日本政府拒絕的當天，伊藤博文與使團隨員伍廷芳進行了一次談話。伊藤博文問伍廷芳：「你方為什麼不派遣重臣來呢？請問恭親王為什麼不能來敝國？」伍廷芳答道：「恭親王位高權重，無法走開。」「那麼李鴻章中堂大人可以主持議和，貴國怎麼不派他來？」伍廷芳隨之反問：「我今天是和您閒談。那我順便問問，如果李中堂奉命前來議和，貴國願意訂約嗎？」伊藤博文自然能夠聽出伍廷芳的弦外之音，回答得也是滴水不漏：「如果中堂前來，我國自然樂意接待，但是也還是要有符合國際慣例的敕書，必須要有全權。」伍廷芳又問：「那麼中堂也要來廣島嗎？」伊藤未置可否。

就在這次談話前後，日軍取得威海衛戰役的勝利，北洋海軍全軍覆沒。清政府失去了與日本人討價還價的最後籌碼，沒有別的辦法，只好派李鴻章前往日本議和。

李鴻章不想做「賣國賊」

1895年2月22日，李鴻章奉旨進京。此時，日本人再次向清政府表示，他們不僅要清政府賠款和承認朝鮮獨立，而且要求割地！此時，不管是慈禧、光緒還是滿朝文武，誰都不願意背上這個遺臭萬年的罪名，李鴻章自然也不願意。經辦外交多年，李鴻章早嘗夠了「賣國賊」的滋味，所以，他一定要得到清政府的全權授權，才肯出使日本。

　　進京次日，光緒在乾清宮召見了李鴻章。圍繞是否割地問題，朝堂上爭執不下，亂作一團。李鴻章表示，不能夠承擔割地的責任，更何況連日本人要的賠款現在都無法湊齊。光緒的老師翁同龢等人也說，寧可多賠款，也不可割地一寸。以恭親王奕訢為首的一千大臣則認為，如果不答應割地，日本人恐怕不會與清廷議和。現在情形危急，日本軍隊的鋒芒已指向北京。為保京師無恙，就只能順從日本人的心願。

　　為了尋求支持，李鴻章再次奔走於各國使館，希望能得到列強的支持。只可惜此時各國要麼已與日本沆瀣一氣，要麼暗中打著自己的「小九九」，準備中日議和開始後坐收漁翁之利。李鴻章的求助行動無果而終。

　　3月4日，光緒正式下詔，宣佈李鴻章為頭等全權大臣，予以署名畫押之全權。13日，李鴻章等人乘坐德國輪船「禮裕」號和「公義」號，懸掛「中國頭等議和大臣」旗幟，啟程直奔日本馬關。隨從出訪的有李鴻章之子李經芳，隨員伍廷芳、馬建忠，以及美國顧問、前國務卿科士達等。

春帆樓上唇槍舌劍

　　馬關議和之地春帆樓，本是日本醫生藤野玄洋於1862年開辦的診所。此樓居高臨下，風景秀麗，附近有一處溫泉。藤野醫生死後，其女美智子不通醫術，但獨具慧眼，在這裡開了一家河豚料理店。

　　對於春帆樓，時任日本首相的伊藤博文別有一番感情。當年的伊藤博文經常在馬關一帶出入，經常光顧美智子的河豚料理店。一日，吃得興起的伊藤博文從樓上遠眺關門海峽，碧波之上的點點漁帆令其感動不已。聯想到自己別號春畝，伊藤博文不禁

興致大發，為此店取名「春帆樓」。選此地為談判地點，想必伊藤博文也打算像日本政府在甲午戰爭中所做的一樣，要拼命吃下清政府這條「河豚」。

1895年3月20日午後2時半，李鴻章一行登上春帆樓。春帆樓上，圍著方桌擺放著十多把椅子。日本政府還特別為年逾七旬的李鴻章安排了痰盂。伊藤博文為談判頒布了四條紀律：一是除談判人員外，不論何人有何事，一概不得踏入會場；二是各報紙的報導必須要經過新聞檢查後方可付印；三是除官廳外，任何人不得攜帶兵器入內；四是各客寓旅客出入，均必須由官廳稽查。

此外，伊藤博文還特別宣布：清政府議和專使的密碼密電，均可拍發，公私函牘概不檢查。從表面上看，好像日本人對李鴻章非常客氣，其實，日本人在甲午戰爭前已成功破譯了清政府的密碼，中國使團與朝廷往來的電文，日本人一覽無遺，自然也樂得送個順水人情。

3月21日，在與李鴻章的首次談判中，伊藤博文向李鴻章提出的停戰條件是：日軍佔領大沽、天津、山海關一線所有城池和堡壘，駐紮在上述地區的清朝軍隊要將一切軍需用品交與日本軍隊，天津至山海關的鐵路也要由日本軍官管理，停戰期間日本軍隊的一切駐紮費用開支要由清政府負擔等等。伊藤博文明白，山海關、天津一線如果被日軍佔領，將直接危及北京安全。這個停戰條件是清政府萬萬不會答應的。如果這一停戰條件被清政府駁回，日本正好就此繼續進攻。尤其狡猾的是，伊藤博文此時隱藏起覬覦我臺灣的企圖，向李鴻章隱瞞了日軍正向臺灣開進的事實，企圖在日軍佔領臺灣後再逼李鴻章就範。

春帆樓上，中、日兩國唇槍舌劍，談判僵持不下。恰在此時，一樁突發事件，改變了談判的進程。

李鴻章遇刺改變談判進程

3月24日下午4時，中日第三次談判結束後，滿懷心事的李鴻章步出春帆樓，乘轎返回驛館。誰知，就在李鴻章的轎子快到達驛館時，人群中突然躍出一名日本男子，在左右未及反應之時，照著李鴻章就是一槍。李鴻章左頰中彈，血染官服，當場昏厥過去。一時間，現場大亂，行人四處逃竄。行刺者趁亂躲入人群溜之大吉，躲入路旁的一個店鋪裡。

眼見主人遇刺，李鴻章的隨員們趕快將其抬回驛館，由隨行的醫生馬上進行急救。幸好子彈沒有擊中要害，不久李鴻章就蘇醒過來。李鴻章畢竟見過大風大浪，面對變故表現得異常鎮靜，還不忘囑咐隨員將換下來的血衣保存起來，不要洗掉血跡。面對斑斑血跡，73歲的李鴻章不禁長歎：「此血可以報國矣。」

李鴻章的傷口在左眼下一寸的位置。所幸的是子彈雖然留在了體內，但並沒有傷到眼睛。李鴻章在日本遇刺，立即引起了國際社會的關注，德國駐日公使館的醫生趕來為他看病。各國醫生會診之時，日本醫生建議開刀，但德國和法國醫生堅決反對。理由是既然這顆子彈對李鴻章的眼睛無害，不如暫時留在體內。他們擔心，如果貿然開刀，將會危及李鴻章的性命。

行刺事件發生後，日本馬關的員警在很短時間內抓到了兇手。經審訊，此人名叫小山六之助，21歲，是日本右翼團體「神刀館」的成員。他不希望中日停戰，更不願意看到中日議和，一心希望將戰爭進行下去。所以決定刺殺李鴻章，挑起中日之間的進一步矛盾，將戰爭進行到底。

小山六之助的想法與日本政府此時的意圖大相徑庭。日本政府本來擬就的談判方略是借戰爭逼迫清政府簽訂不平等條約，然後見好就收。此時的伊藤博文最擔心的就是有什麼把柄落在列強

手中，讓一直虎視眈眈的西洋各國從中干涉，坐收漁翁之利。小山六之助的行為恰恰無異於授人以柄。難怪伊藤博文聞訊後氣急敗壞地發怒道：這一事件的發生比戰場上一兩個師團的潰敗還要嚴重！

李鴻章遇刺的第二天，清政府給李鴻章來電，除慰問傷勢之外，還指示應趁「彼正理虧之時，李鴻章據理與爭。」當時，如果李鴻章就勢回國，再說服列強進行干涉，也許《馬關條約》的內容就不會是後來那個樣子。可是被列強與日本欺負得沒脾氣的清政府，壓根兒就沒有想過可以利用列強之間的矛盾，只是擔心如果不及早結束談判，在華日軍將會繼續製造戰端，危及京師的安全。

28日，當伊藤博文再次來到李鴻章的驛館，告之日本天皇已下令停戰時，李鴻章不禁喜出望外。他沒有想到，幾天來在談判桌上口乾舌燥未能取得的戰果，竟然會因為自己的遇刺而峰迴路轉。30日，中日停戰條約簽字。

1895年4月17日，李鴻章與日本代表簽訂了喪權辱國的中日《馬關條約》。條約規定：清政府承認朝鮮「獨立自主」；割遼東半島、臺灣、澎湖列島及附屬島嶼給日本；賠償日本軍費白銀2億兩；增開重慶、沙市、蘇州、杭州為通商口岸；開闢內河新航線；允許日本在中國的通商口岸開設工廠，產品運銷中國內地免收稅款。

美國總統胡佛經歷的義和團運動

朱　岩

　　赫伯特・胡佛是美國第31任總統，他在1928年曾以壓倒優勢競選到這個職位，然而在短短幾個月的時間後，他卻因面臨經濟危機束手無策而聲名狼藉。時至今日，人們仍不免將胡佛與20世紀30年代的那場「大蕭條」風暴聯繫在一起。那場風暴讓幾百萬美國人丟了飯碗，傾家蕩產。但是拋開那一段短暫而艱難的白宮歲月，胡佛的一生還是多姿多采的。

　　正如胡佛總統博物館的介紹所述：「胡佛作為一名採礦工程師享譽世界，全世界都感激這位『偉大的人道主義者』，是他在第一次世界大戰期間及戰後為被戰爭踐踏的歐洲提供了糧食。第二次世界大戰末期，胡佛應杜魯門之邀再度出山，避免了一場全球性饑荒，整頓了政府行政機構。他這次復出，在歷史上實屬驚人之舉。到1964年10月逝世時，胡佛已經重新擦亮了一度環繞著他名字的光環。」

派往中國工作

　　1874年8月10日，胡佛生於艾奧瓦州西澳一個公誼會教徒的家庭。17歲時，胡佛考入剛成立的史丹福大學。在這裡胡佛遇到了未來的妻子，也就是攻讀地質學的盧・亨利，與他同歲。胡佛21歲生日前3個月大學畢業，口袋裡只有40美元，工作無望，在加利福尼亞州的一口礦井裡挖了兩年礦石。每班工作10小時，掙

2美元。後來，倫敦的一家採礦公司招聘具有長期工作經驗的地質學家去澳大利亞工作，並要求應徵者至少35歲，胡佛當時只有23歲，他在應聘時虛報年齡，獲得了這份工作。

胡佛的歷險才剛剛開始，老闆即派他去中國。當時中國的一家企業——中國工程礦業公司的總經理張燁茂，希望僱用一名美籍總工程師來管理手下的歐洲技術人員。胡佛於是給加州蒙特雷的盧·亨利小姐發電報，問她是否願意嫁給他，接著他們就一起到了中國。在海上航行的一個月裡，他們讀了幾十本關於中國的書籍。

胡佛夫婦於1899年3月抵達北京，不久就前往天津工作。胡佛夫人主要忙於操持家務，同時學習中文。胡佛在回憶錄中寫道：「她特意請了一名中文教師，只要她在家，每日的課程從不間斷。她具有語言天賦，學習這種世界上最難學的語言，居然進步很快。雖學會的漢字從未超過100個，但她對我反覆使用這些漢字。」的確，胡佛夫人每當想向他說些私房話時，就用漢語說，甚至在白宮時也不例外。他們夫婦的中文名字分別是胡華和胡璐。

由外國人訓練的中國軍隊襲擊僑民區

胡佛本是被僱來中國從事開發煤礦、修建港口設施的，但他的中國經理張燁茂卻想讓他找金礦。胡佛回憶說：「由於張先生不斷蒐集有關金礦的謠傳，我一次又一次踏上類似的征途，走遍山東、滿洲、山西和陝西等省，每次均是徒勞往返。但是這種旅行很快停止，這時關於義和團襲擊傳教士和其他洋人的謠傳在我們中間傳開了。由外國人訓練的中國軍隊本是用來保護外國僑民區的，但是在6月10日那個星期天的清晨，炮彈在僑民區上空爆

炸時，我們從睡夢中猛然驚醒，由外國人訓練的軍隊向我們開炮了。

「僑民區迅速行動起來，俄國上校瓦加克是軍銜最高的軍官，美國、日本、德國、俄國、法國和義大利的全部士兵都聽他指揮。唯獨英國軍隊聽命於一意孤行的海軍上校貝利。瓦加克聽說我手下有一些工程人員，就命令我們把逃到僑民區避難的華人基督徒組織起來，修築街壘。僑民區寬1/4英里，長1英里，一面以河為屏障。在尋找修建街壘的材料時，我們偶然發現了一個大倉庫，裡面堆滿了粗麻袋裝的糖、花生、大米和其他穀物。我率領其他幾名外國人，很快組織起1000多名驚恐萬狀的華人基督徒，大家扛起一袋袋糖和穀物，沿著暴露在外的街道壘起了牆，並在十字路口搭建了街壘。到了上午，我們的處境有了好轉。義和團在第二天發起了猛攻，可是海軍陸戰隊隱蔽在麻袋後面，擊退了義和團的進攻。

「正如我所說，義和團運動的矛頭直指同外國人有關聯的華人，同時也針對外國人。在義和團發動第一次攻擊的當天，張燁茂和鐵路局長童紹毅就帶著家眷躲進了僑民區。他們在一所大宅院裡找到了住處，與我們的房子隔街相望，那是中國工程礦業公司的房產。不久之後，便有五、六百名處境相似的中國下級官吏和受過外國教育的華人逃來此地。

「受傷的外國士兵和平民越來越多，我們只有一名軍醫和一位僑民區的內科醫生，護士也僅有一人。瓦加克上校將俱樂部改成醫院，沒過多久，醫院的地板上便躺滿了傷患。胡佛夫人立即加入了志願服務人員的隊伍。在圍攻初期，除了她偶爾回家吃飯或小睡片刻以外，我很少能見到她。她學會了緊貼牆壁騎車，這樣可以避開流彈。可是有一天，一枚子彈還是打穿了她的輪胎。

「遠處飛來的流彈幾乎釀成一場大悲劇。許多外國平民已接近歇斯底里,他們認定冷槍是從僑民區裡面打來的,很快便指責起住在我家對面院子裡由我負責照顧的那600名中國人來。當我們熬過了精疲力竭的一天,正在用晚餐時,有人跑來說,張燁茂、童紹毅和其他人都被抓走了,貝利上校正在對他們進行戰地軍法審訊。我連忙趕了過去,在火把的照耀下,所謂的審判正在進行,盛氣凌人的貝利充當法官,一群歇斯底里的碼頭流浪漢為從不可能發生的事情作證。我試圖進行干涉,向眾人說明這些中國人的身分,但貝利卻命令我馬上離開。有人告訴我說,有幾名中國人已經在附近河岸上被處決了。我騎上自行車,奔向幾個街區以外的俄軍總部。瓦加克上校很快就了解了事態的嚴重性,他帶了一個排的俄軍士兵同我一起返回,立刻制止了審訊,並且把中國人移交給我,讓他們返回住所。

「圍困期間晚些時候,我、我太太和我的工程人員回到我們自己的家,把它作為基地,因為這裡從未挨過炮轟。可是有一天深夜,一枚炮彈呼嘯著飛進了後窗,在房子裡爆炸,將前門及四周炸得粉碎。我夫人在醫院裡忙了一整天,此時正坐在廚房中玩紙牌,她在爆炸聲中也沒有放下手中的牌。幾天後的一個晚上,幾枚炮彈落在近處,最後終於在街對面中國人住的院子裡爆炸了,童先生的妻子和孩子全被炸死。」

圍困持續了近一個月,解圍後,胡佛發現公司的資產已被多國瓜分,不可能再繼續他的工作了。這對年輕夫妻準備離開中國回國,但就在他們啟程前夕,胡佛的老闆提議重建公司,繼續在中國運作。胡佛夫婦前往倫敦,直到公司制訂出具體細節。

傑米森的發財夢變成泡影

1901年1月，胡佛重返中國。他先抵達上海，再設法北上。他回憶說：「大沽港被冰封住了，上海和北方之間當時還沒有鐵路貫通，一切交通與通訊往來都因嚴冬而中斷。幾天以後，我同一些英國和美國軍官一起租下了一艘1200噸級的輪船，駛往秦皇島。」胡佛到北京後，找到一處算是稱得上「家」的不同尋常的住所安頓下來。

「北京唯一的一家旅館被軍隊佔用了，我只好和另外幾名美國人租住在距美國大使館不遠的一座寺廟裡。在這些美國人中有一位傑米森先生和《紐約太陽報》記者澤西·錢伯林。一天凌晨3點鐘，傑米森帶著一位英國上校突然闖入了我住的寺廟，把我推醒，說是他們發現了一些最奇妙的東西，能讓所有人都變成大富翁。

「事情是這樣，上校所指揮的一個團的印度士兵駐紮在天壇，他發現其中一間屋子竟然有金屋頂。可以算得上是位科學家的外科醫生估計這屋頂價值200萬美元。上校就和手下的士兵悄悄地把屋頂拆了下來，運到城另一側的一座空置的倉庫裡。他們希望我入夥，偷偷把金屋頂賣出去。我對屋頂的價值表示懷疑，而且表明絕不願參與此事。我的疑惑令傑米森很驚訝，但他要求我看在他的分上至少去看一看。最後，我同意只去看看。

「我們帶了6個人，提著燈籠，深一腳淺一腳地穿過北京城空無一人的街巷，走了兩英里才來到那間倉庫。我看到地板上凌亂堆放著許多一碼見方的薄瓦片。用刀在瓦片上刮了幾下，我很快就斷定這是銅瓦，只是在表面貼了一層薄薄的金箔。用20枚金幣就能打造出20多平方英尺的金箔，何況這些瓦片僅有一面貼的是金箔。上校非常沮喪。但上校還有一線希望，他想做更多測

試。我告訴他，把一塊瓦片放在燒紅的炭火上加熱，金箔會熔化剝落。他可以把金子收集起來，找一名中國首飾匠把它鑄成紐釦大小的一塊，再稱一稱重量。上校表示沒有合適的地方可以做這件事，又恐怕自己能力不足，根本做不到。大家在寒風中瑟瑟發抖，傑米森最後建議，取兩片瓦回到廟裡去試一試。

「於是我們在晨曦的微光中艱難地走回了寺廟，苦力頭頂著兩片瓦跟隨在後。我們回來時，錢伯林正在吃早飯，他馬上就對整件事表現出濃厚的興趣。傑米森做了試驗，照他計算，把整座屋頂當廢銅爛鐵賣掉的話，值5000美元。他反對不道德劫掠行為的決心更加堅定了。但事到如今，他得設法說服上校。上校一溜了之，可錢伯林卻要刨根問柢。他執意要讓傑米森把事情講得更詳細些，並據此寫了一篇引人入勝的報導，用電報發回《紐約太陽報》，標題為《英國人還在掠奪》。此事還引出了一場不幸的軍事審判，但據我所知，沒有公布審判結果。」

給每個員工發一枚編了號的銅牌

胡佛先生繼續回憶道：「在義和團的排外狂潮中，華北鐵路被拆得七零八落。軍方需要鐵路來運送軍隊，維持治安，我們也需要鐵路運輸礦裡挖出的煤。軍方指派了一個軍官委員會，接管鐵路重建工作。應他們的要求，我分配一部分工程人員去援助，其中有外國人，也有中國人。義和團或農民撬開連接鐵軌的魚尾板，大段大段路軌上的道釘被拔走，鐵路上的每一丁點兒金屬都被搬到幾英里外的內地去了。被拆下來的鐵路材料散落在上千個村莊裡，鐵匠鋪未來幾年不用愁沒鐵可打了，四方鄉野一片歡騰。農民還拿走枕木當作建材和燃料。

「在考慮如何收回所有鐵路材料時，我們認為中國人會發現

是他們搬走的鋼軌而不是鐵軌，一點鋼屑都敲不下來，拿到手也派不上用場。這樣他們可能會歡歡喜喜地把路軌賣給我們，如果我們出個收購價，再加上既往不咎的諾言和抗命嚴辦的威脅的話。我記得我們當時出價5個銀元換一節鐵軌。幾天以後，被毀路段兩側的田野裡出現了無數毛蟲般的隊伍，三、四十個村民抬著一節鐵軌，向我們緩緩走來。

「在管理中國工程礦業公司的過程中，我們很快就在收『回扣』的做法上和中國人發生嚴重衝突。按照中國觀念，回扣並不是受賄，大小官吏除了那一點少得可憐的薪水之外，就依靠撈些外快。從雇員名單上看，多達25000人，但是我們發現虛報了6000人。於是我們立下一條簡單的規矩，給每名員工發一枚編了號的銅牌，進入工廠圍牆時，必須將銅牌交給廠方保存。用編了號的銅牌作為工作證的制度，給我們帶來了只有在中國才會遇到的尷尬事。

「由於工人的工資不足以養家糊口，我提高了工資，比鄰近各個鄉鎮高出40％。銅牌一時間竟成了搶手貨，找工作的人只要買到一枚銅牌，就得到了一份工作。牌子的價格一路飛漲，都抵得上一個月的工錢了。我們發覺自己正在喪失依照技術和人品來聘用員工的選擇權。如果僱用的是技術工人，生手很容易被工頭發覺，我們也可避免麻煩。但是在一群魚龍混雜的普通工人中，很難區分冒牌貨。更有甚者，能工巧匠開始偽造銅牌。我們為此向地方官員抱怨，他勸我們壓低薪水，但我們用更有效的識別方法解決了這個難題。

「『回扣』的比例太高，沒有辦法開展西方式的工業化生產，我們便逐步壓低回扣。90天後，僅僅靠減少回扣一項措施，我們便將一個虧損企業變成了月利潤15萬銀元的盈利企業。業務

迅速發展，我們購置了新設備，在秦皇島建成了不凍港，在冰封季節中也可以從容裝卸煤炭。」

在回憶錄中，胡佛用了整整一章的篇幅來記述自己在中國的日子。他的妻子一生熱愛中國古代瓷器，尤其鍾愛明代和清康熙年間的青花瓷，在40年內不停地蒐集。

胡佛說：「面對一個有著3000年文字史，擁有4億人口的民族，沒有人能評判他們，更不能妄下斷語。我對中國人民懷著刻骨銘心的崇敬，90％的勞苦大眾在生死線上苦苦掙扎，幾乎每座村莊每年都會有人凍餓而死。但他們忍耐而寬容，對家庭無比忠誠，對孩子傾注全部愛心。他們比世界上其他任何一個民族都工作得更努力、更長久。」

慈禧太后葬禮目擊記

Henri Borel

幾個月前，光緒皇帝被葬在離北京有4天路程的清西陵，那兒安葬著雍正、嘉慶、道光等大清皇帝。而現在，報紙上已經充斥了有關慈禧太后葬禮的報導。

報紙上刊登著有關她生平的各種稀奇古怪的故事。有人斷言，這位長期統治中國億萬人民的太后，曾經是一位來自廣州的奴婢。而知識淵博的前京師大學堂總教習丁韙良卻指出，所有這些故事全是瞎編的。這位已故的太后是惠徵的女兒，因此出身高貴。1853年，她被咸豐皇帝選作懿妃。他的皇后並沒有為他生兒子，而懿妃則為他生下了一根獨苗，即後來的同治皇帝。正因為她是皇太子的生母，所以深得皇帝的寵倖。當她的外甥光緒繼同治成為皇帝時，慈禧垂簾聽政，成為舉世矚目的東方女皇。在她的統治下，大清帝國終於走到了盡頭。

慈禧太后死於一個現代科學文明已經光臨中國的年代，但她死後葬禮上所演出的卻是具有幾千年歷史的古老禮儀。

早在8月份，就已經燒過大量用紙裱糊的冥財。這些東西都代表了她所心愛的財物，做工精巧逼真，惟妙惟肖。它們包括鐘錶、梳粧檯、煙桿，以及一大群紙糊的假人，後者將在冥間伺候慈禧太后。

另外，紙糊的新軍士兵也排成仵列，它們將於舉行葬禮的兩天之前，在紫禁城至宮門之間的某個地方被焚燒。按照一般的說

法，它們都是被派到冥府去打前站的。

然而，就像報上一篇文章所發問的那樣，假如孔子和孟子在冥河的那邊看到這些穿現代歐洲軍裝的士兵們，他們將會產生什麼樣的印象？當他們看到，作為隨葬品被燒掉的並非祖宗傳下來的中式轎子，而是一輛優雅的歐式布魯厄姆車，即一種馭者坐在車廂外的四輪馬車，還有兩匹身材高大、有灰色花斑的歐洲馬，輪胎和歐式油燈時，又將會是多麼的驚愕？

在過去的年月裡，北京曾經上演過一齣悲劇，其真正的戲劇性意義恐怕要等幾十年以後才能為人們所知曉。一位非常敏感和富有藝術家氣質的年輕皇帝（光緒，編者注）覺得一個嶄新的時代已經來臨，便試圖將中國突然提升到一個新的高度。但是，他缺乏圓通的手腕。要知道，在他的身旁不僅有康有為這些革命夢想家和知識份子精英，還有他的姨母、咸豐皇帝的遺孀——太后慈禧！這位女人在歷史上是罕見的——一個激情和暴政的藝術家，身居億萬人民之上，盡情享受了她自己的生活。在她的身邊聚集了一幫保守、集權和泥古不化的官員。他們的腦袋裡只有幾千年前的陳腐思想。

據說年輕的皇帝和他的姨母是幾乎同時去世的，因為太后不容許自己的皇帝外甥活得比自己更長，更不允許他分享到改變中國這一夢想的成功喜悅。

蓋著金黃色柩布的太后靈柩被緩慢而莊嚴地抬過了北京灰色的土丘，那裡面躺著慈禧太后的屍體——這最令人恐懼和最受人崇拜的女人，上世紀最偉大的女皇，一位嘗遍了生活和權力之酸甜苦辣的女性。

當她藏匿在靈柩中從我身旁經過時，我尊敬地脫帽致敬，向這個敢於按自己的意願生活的高雅藝術家鞠躬敬禮。我肯定不會

忘記這個日子，1908年11月9日，是一個陰霾的冬日。

凌晨6點，天上颳著刺骨的寒風，我身裹裘皮大衣，坐在一個舊黃包車裡，穿過空曠的街道，向東直門趕去。在東直門外的一個小土丘上，外務部官員們專門為參加葬禮的在京外國人搭建了一個帶頂棚的看臺。

在東直門內附近，還有一個單獨的亭子，這是為各國外交官、尊貴的商業權貴，以及報界記者們所搭建的。我本來可以作為阿姆斯特丹《電訊報》記者在那兒申請到一個位置，但我知道在這東直門內大街上是看不到普通老百姓的。

但要在城外把老百姓全都趕走也是不可能的，因為從北京到清東陵有75英里的路程，而且那天凌晨，北京幾乎所有的居民都源源不斷地湧出了東直門。我覺得在東直門外觀看送葬的行列，將會更有趣和更有代表性。儘管這樣做的話，我就會看不到走在送葬行列中的在京外國人代表，也看不到攝政王，因為他們到了東直門附近的那個亭子那兒，就不會再往前走了。

在舉行葬禮的好幾個月之前，去往清東陵的道路就已經被修繕。清東陵內安葬著順治、康熙、乾隆、咸豐和同治等大清皇帝。西太后的陵墓沒有建在埋葬光緒皇帝的清西陵，此事絕非偶然。在修路過程中動用了蒸汽壓路機，親王和高官們還巡視了道路的情況。人們盡了一切努力來為已故的慈禧太后準備這條道路，以便使金色華蓋下的金黃色靈柩能夠莊嚴順利地經過這條道路。

從我所住的使館區乘坐黃包車到東直門有一個小時的路程，在前半個小時內，我沿著哈德門大街飛奔疾駛，因為街上幾乎看不到行人。但是在東直門右邊的一條小街上，已經聚集了大量的人群。整條大街上都站滿了員警和步兵，模仿日本的中國新軍看

上去精神飽滿，做事有條不紊。馬車、騾車、騎者和黃包車正從西面和北面源源不斷地趕來。

在東直門附近，我遇上了極度擁擠的人群。要是在歐洲的話，我會對此感到害怕，但此時我卻是泰然處之。置身於苦力、車夫和騎者的叫喊聲，以及馬嘶驢鳴聲之中，我靜坐在黃包車裡，安詳地抽著一支雪茄，知道暴力絕不會發生。一會兒，我的脖子邊出現了一個馬頭，一會兒又差點擁抱一頭溫順的小驢子，就這樣一步步擠過了東直門的門樓，來到了四方形的甕城裡。那兒站滿了中國士兵，並且通過箭樓來到了城門外的一片開闊地。那兒有成百上千的騾車運載著城外的人翻山越嶺，朝這兒趕來。

在凌厲的寒風和來自戈壁灘的風沙中，經過了半個小時的上下坡，我終於來到了可以觀看送葬隊伍的看臺處。在外務部的門口，有一些神情嚴肅、會說英語的官員們在接待客人和收取入場券。沒有公使館發放的入場券是不容許進去觀看的。

亭子前面的道路上擠滿了人，他們好奇然而並非無禮地瞪著那些被稱作「番鬼」的洋人。送葬隊伍如何能通過這兒，將是一個很大的問題，因為整條路都完全被堵死了。在7點或最遲7點半的時候，所有的來賓都得到齊，因為那時所有的道路都要被封閉。7點15分時，送葬隊伍離開了紫禁城，但一直到了10點半，從亭子裡的看臺上才終於望見了送葬的隊伍。如何能在瞬息之間就清理出一條道路，這簡直就是一個奇蹟。穿著現代軍服的中國騎警騎著蒙古矮種馬來到了這兒，就像是施了魔法一般，道路上成千上萬的旁觀者全都被趕上了小土丘，沒有發生任何搏鬥和爭吵。在歐洲也許要半小時才能解決的問題，這兒只用了瞬間的工夫。員警們騎著靈巧的小矮馬，瀟灑地跑在路上，一會兒工夫，他們就清空了道路，使大家都站到了小土丘頂上。

從城裡出來的送葬道路大多是下坡路，道路兩旁都是小土丘，因此從亭子那兒可以把送葬行列看得非常清楚。打頭的是一隊穿著現代軍裝的長矛輕騎兵，裝束齊整，舉止得體；接下來是由僕役們手牽著排成一列縱隊的小矮馬；再後面就是一大群身穿猩紅色綢緞衣服、帽子上插著黃色羽毛的僕役，大約有幾百人，他們輪換著抬靈柩。

緊接著又是另一隊長矛輕騎兵，在他們的長矛上飄揚著紅色長條旗，後面跟著馬槍騎兵。他們屬於皇家禁衛軍，身穿有紅鑲邊的灰色軍衣。後面又有一排排穿著紅衣服的僕役，舉著綠、紅、紫、黃等各種顏色的旌旗和低垂的綢緞條幅。那些舉著鮮豔旌旗的僕役行列沒完沒了，似乎他們把皇宮裡的旌旗全都搬出來給己故太后送葬了。

再往後是一個奇異而莊重的場景，三匹排成一列縱隊的白色小矮馬分別拖著三個裝置在四輪輕便馬車上的轎子。在我身後有人解釋說，這些是慈禧太后最喜歡的轎子，那些白馬也是她的寵物。後面跟隨的其他白馬身上都有黃色綢緞飾物。這個由小矮馬組成的佇列行進時緩慢而又悲愴，此情此景令人為之動容。

接下來是來自戈壁灘的高大駱駝，滿身絨毛，體格壯碩，就像是遠古時期的怪物。牠們成二列縱隊，行走在道路的兩旁。牠們背負著用黃綢包裹的搭帳棚必需品，因為這個送葬行列在到達清東陵之前要走整整5天的路程。這一隊行列是多麼具有東方色彩！首先是披著黃綢、色彩鮮豔的轎子，然後是白色小矮馬，而現在則是高大而威嚴的駱駝。這情景離我們的時代是多麼的遙遠。

一時間，送葬行列中出現了一個空隙。接著又有一群穿著紅色衣服的僕役，雜亂無章地在我們面前經過。路中央有一個模樣

怪異的傢伙，嘴裡正在嚼著一大塊麵包。在一些穿黑衣服的官員走過去之後，又出現了一個空隙，之後還是雜亂無章的僕役隊伍。接著突然出現了兩頂用金黃色綢緞裝飾並由轎夫抬著的轎子，還有一些相當歐化的現代葬禮花圈，然後又是一個空隙。

剛才被經過的馬匹和駱駝糞便弄髒了的路面，現在又由僕役們打掃乾淨。所有這些似乎都表明前面的只是一種開路的儀仗隊，因為後面的隊伍一時還看不見。

但是在遠處土丘之間的下坡路上，很快就可以看到隱隱約約的旗幟。獵獵紅旗映襯著天空，一排排的騎兵向我們走來；更多的黃色轎子自上而下地過來，在這些轎子的後面，閃爍著一團耀眼的金黃色火焰，體積大得嚇人，而且離地面很高。慈禧太后的靈柩非常緩慢地向前挪動著，方形的靈柩上頂著一個偌大的金球，而且用一塊邊幅很寬的織錦罩起來了。它被一百多名轎夫用長長的竹槓抬著，高高地聳立在他們的頭頂上，以威嚴而莊重的方式向前移動。早在一個半小時之前，太陽就已經升起，使得靈柩上的黃色綢緞就像是天上的一道燃燒著火焰的金色河流。

我平生首次意識到這種黃色是代表皇帝的顏色。那金色的靈柩前面有數百面黃色的旌旗作為先導，那些旗幟被人們用紅色和金色的旗杆高高地舉在空中。

接著來了一大群身穿飄逸的長袍和帽子上插著黃色羽毛的僕役。他們的後面是一批身穿紫紅色長袍的人，長袍上面有象徵長命百歲、用金線刺繡的「壽」字。這些人也手持黃旗。到處都是一片黃色的海洋，有無數方形或圓形，上面繡滿了龍鳳的黃、綠、紅、藍等各色旌旗。在其他浩瀚如雲的轎子、小矮馬、旌旗和喪旗的後面，還跟著一大批身穿深黃色袈裟的喇嘛和尚，他們分別來自西藏和蒙古。

最後一大批清朝的高官走上前來。他們身上只穿著黑色的喪服，官帽上摘掉了表示官銜的飾物，即紅珊瑚和藍寶石頂子以及孔雀羽毛。他們是大清王國最高層的官員，其中包括了親王、御史和大臣。所有的人都帶著哀悼的神情從我們面前經過，衣著質樸，就像老百姓那樣，身邊都未帶隨從。

龐大的靈柩現在已經離我們很近，距離地面很高。這個用黃色織錦覆蓋著的龐然大物像一團火似的燃燒，閃耀發光，釋放出明亮的金黃色。這是我從未見過的，代表中國皇族和只有皇帝才配穿戴的黃顏色，任何人如果僭越違規是要殺頭的。它由一百多個轎夫抬著，緩慢地向前移動。它前進的行程是如此的困難和複雜，恰似這黃橙橙的靈柩是一塊沉重的純金，其柩衣也好像是用金屬而非織錦製成。在陽光下，它顯得像是一道金色的瀑布。在這個皇家的金黃色靈柩中，居住著一個以藍鳳凰與紅花為象徵的造物。沿路的士兵們全都持槍致敬，外國公使的警衛們也都向靈柩敬禮。

現場死一般的寂靜，站在土丘上那成千上萬的人們也都靜穆無語。就像一位女神正從他們面前被抬過，其靈柩一搖一晃，莊嚴地向前挪動。

有一位喇嘛用小木鼓敲擊出轎夫們抬靈柩的步伐節奏，木錘擊打著羊皮，在令人抑鬱的寂靜中發出一種冰冷和陰沉的聲音。

看臺上所有的西方人來賓都站起身來，脫掉了他們的帽子。那個龐大的靈柩就這樣在我們的面前經過，那藍色的鳳凰在柩布上翱翔，紅花在鮮豔的金黃色綢緞上怒放，交織出一種斑斕的色彩。靈柩頂上的金球像太陽一般放射出光芒。那黃色的綢緞流光溢彩，耀人眼目。

慈禧太后就是這樣辭別了人世，這位奇妙而可怕的女皇。在

其老邁靈魂的驅動下，跟現代世界展開了一場悲劇性的決戰。然而她也有足夠的勇氣來啟動新時代的改革。正是她於1900年命令甘肅將領董福祥攻打歐洲駐京公使館。這個女人只要一皺眉就會令總督們心驚膽戰，一微笑就會給他們帶來榮耀和財富，一生氣就會使他們身敗名裂。

人們把她抬出了北京的城門，並且穿越過灰色的土丘。這位一生充滿傳奇，不顧及任何事物和任何人，其意志即是法律的女人，如今已成了一具冰冷和枯萎的屍體。她是神聖和古老理念的最後一位代表——當另一個新的黎明降臨在這個已經成為世界未來一部分的奇妙王國時，上述理念就已經隨她一起死去了。

我深信隨著慈禧太后墮入湮沒無聞的冥世，眼前這一切也成了神聖皇權的一個葬禮。這種神聖皇權據信是由上天授予天之子皇帝的，使之成為萬民頂禮膜拜的半神半人。雖然我因這個浪漫神聖皇權夢想的破滅而眼眶裡含著眼淚，但一想到現代的新思想正在把這個資訊傳播給億萬人民，使他們從內心感到每個人都可以成為天神，我的嘴角便又露出了一絲微笑。

鮮為人知的東陵第二盜案

周重禮

1928年7月，國民黨第二十軍軍長孫殿英以其無賴妄為、唯利是圖的本性，冒天下之大不韙，以「剿匪」為名盜掘了乾隆皇帝的裕陵和慈禧太后的定東陵。消息一經傳出，天下為之譁然，也震驚了滿清皇族及國民黨政府要員，世人稱之為「東陵第一盜案」。事隔17年，在1945年的下半年，當地土匪、惡棍拉攏腐蝕革命隊伍中的腐敗分子，糾集了一群農村流氓無產者和落後群眾，將這裡絕大多數陵寢盜劫一空。由於多種原因，清東陵第二次被盜案一直披著神祕的面紗。

一、盜陵者看準了「時機」

日本侵略者佔領東北後，扶植末代遜帝溥儀登上偽滿洲帝國的皇帝寶座後，隨即在清東陵設立了東陵地區管理處。日本覬覦東陵珍寶已久，藉機在此建立「大日本駐馬蘭峪領事館」，名義上為溥儀看守祖宗陵寢，實際上是擴大偽滿洲國地盤和窺伺這裡的文物，伺機奪取南京政府管轄下的東陵辦事處。東陵辦事處又稱「東府」，主要負責維修陵寢、保護樹木、防盜防火，看管馬蘭峪城內的西大庫文物。設護陵員警數十人，輪流守護各大陵寢。日偽時期，守陵之事由日軍和偽軍們負責。

1945年8月15日，日本帝國主義投降之後，東陵的守護和管理出現了前所未有的「真空」。當時鬼子走了，偽員警散了，雖

然中國共產黨在這裡建立了人民政權，由於內戰烽火迭起，八路軍作戰頻繁，當時管轄東陵的冀東軍區十五軍分區抽不出軍隊來守護陵寢，只好組織附近村莊的民兵配合區小隊來看管。加之當時沒有有效的護陵機制，無形中成為盜陵者作案的最佳時機。於是一小撮壞人打著「打倒封建地主的頭子皇帝」的旗號，明目張膽地開始盜竊陵寢。

二、盜陵隊伍是一夥社會渣滓

日本人敗走後，藏匿在陵寢周邊的土匪頭子王紹義突然變得「機靈」起來，星夜造訪「摯友」楊芝草。「你聽說了吧，陵上和馬蘭峪街上的日本人、滿洲隊和員警都走了，陵裡的事沒人管，何不乘機撈他一把？等著八路軍都安排好了，自然就不好辦了。」

楊芝草，盜陵主犯之一，王紹義的得力幹將，兩人穿一條褲子都嫌肥，人稱「小諸葛」。年歲不大，壞事沒少幹，年輕時曾被土匪綁票，後來投靠日本人當偽員警。覺得油水不大，回家種地，因此被吸收到民兵隊伍裡來。從盜挖定陵開始，他一個陵也沒拉下，得了多少寶物，只有他自己清楚。

穆樹軒，50多歲，祖輩守陵人。同土匪頭子「四海紅」沾親帶故，長大成人後成為「四海紅」的左膀右臂，跟著幹了些綁票、打劫、聚賭、嫖女人的勾當。後來這支土匪隊伍被八路軍打散後，他才回到家裡，以砍陵上的樹木、拆陵上的房屋為生。因為是個人尖子、土光棍，又當上了副村長。他上頭也頂，下頭也壓，是個頭上長瘡、腳底流膿的壞傢伙。

圍繞著東陵的幾十個村莊，多是為了侍奉陵寢而建的，住的都是些清代守陵人的後裔，因而對每座陵的情況十分熟悉。當年

孫殿英盜陵抓的嚮導,其後代大有人在,這次盜陵當然也離不開他們。盜陵主犯關會增便是其中之一。關家祖輩是修陵的,又是建地宮的名匠,知道定陵的底細,自然與王紹義一拍即合,最後也按股分成。

狡猾的王紹義知道僅憑他們這幾個人力量單薄,也成不了氣候,得拉攏幾個幹部加入才穩當。他用幾顆貓眼石把當時區公所公安助理分區長趙國正拉下水。趙國正,自幼遊手好閒,不務正業,1931年日本人佔領東陵後,他帶著哥哥逃荒到新立村。1938年,新立村建立共產黨基層組織,苦大仇深的他被發展入黨。趙國正聰明伶俐,工作積極,得以重用,但財迷心竅的他經不起巨大利益的誘惑,又成了盜陵主犯之一。另外,還有區助理趙子新、民兵小隊長賈正國等「能人」。

他們作案的第一個目標就是咸豐皇帝奕詝的陵寢──定陵。1945年9月23日,這天正逢集日,守陵的班長是新立村的張小喬。經過精心策劃,王紹義把盜陵隊伍分成兩撥,一撥在陵西用雷管炸藥打石頭以掩人耳目,另一撥盜陵。這次所盜的珍貴之物,全歸頭目所得,剩下的珍珠、瑪瑙、翡翠等小東西,給參加盜陵的20多名村民每人抓上一把了事。定陵被盜後不久,王紹義與趙子新、劉恩、楊芝草、趙國正等人聚在一起,又在一個夜晚,將慈安太后的陵寢盜掘一空。

王紹義等人盜陵的事很快被上面發覺,為了尋找黑後臺,狡詐的王紹義瞄住了張盡忠。張盡忠當時是十五軍分區敵工情報隊隊長,曾在湯泉金礦當過護礦員警,後投奔八路軍,長期活動在馬蘭峪和東陵一帶。由於他膽大包天,不懼生死,經常隻身出入敵佔區腹地,被人傳為神出鬼沒的「張大膽」。可他在王紹義帶來的珍寶金頭九連環(一兩八錢多)、白玉鐲、翠扳指、白珍珠

面前（皆為王等人盜定陵、慈安陵所得）面前，見財眼開，被拉下水，成了東陵第二盜案的又一組織者和策劃者。同時下水的還有小麻子張森，他從小賣燒餅、麻花，又跳過大神，參軍後被六區隊長曹致福看中，留在身邊跟張盡忠一起搞敵工。他能說會道，會耍小聰明，綽號「小神仙」，也是個不好侍弄的人物。

三、野蠻卑劣的盜陵經過

張盡忠不愧為情報隊隊長，提出一系列蠱惑人心的口號，給盜陵冠以「鬥爭皇上大地主」、「幫助群眾度過饑荒」之名，以迷惑群眾。還合計定了些「黑話」以防萬一，如管盜陵叫「挖金」，調集民兵叫「集訓」，晴天稱「天高」，黑天稱「明路」，動手叫「立拖」。同時廣泛動員陵寢地宮的知情者、會玩雷管炸藥的能人加入。最後，這群匪徒、社會渣滓還軟硬兼施地拉攏了八路軍隊伍中的一名幹部——區長介儒加入（後來專案組破案時，介儒首先向組織交代了自己跟著盜掘惠陵的罪行，爭取了寬大處理）。就這樣，在張盡忠等人的精心策劃下，利用陵寢周圍剛剛解放、人們心裡沒底這一時機，加以蠱惑人心的口號，把盜陵的罪行「合理合法化」，使不明真相的群眾和一些流氓無產者紛紛加入「挖金」的行列。

且看王紹義是怎樣鼓動不明真相的群眾的。

「鄉親們，共產黨早就說了，一定要打倒大地主和封建剝削。過去的皇帝就是頭號的大地主，是幾千年來騎在人們頭上拉屎撒尿的大壞蛋。雖說他們人死了，可他們搜刮的財寶不計其數啊！有的還帶進棺材裡去了。現在我們就要挖他們的墳，分他們的財，叫他們在陰間也過得不舒坦。」

針對盜陵持有不同意見的人，王紹義又有一套宣傳技巧：

「如今共產黨說話算數，皇上的律條不中用了。而且區裡和縣裡還號召我們採用一切辦法度過饑荒，咋能說犯法呢？我們就是要團結起來，扒開皇帝老兒的墳，掘開他們的墓，用他們陵裡埋著的寶貝來發咱們的家，致咱們的富！」

於是，受蒙蔽的群眾有的把家中的土槍拿來抵一股，鐵匠則打幾根釺子來算一股，美其名曰「有力的出力，有物的出物」。

一切準備就緒，王紹義、張盡忠等決定對幾座大的陵墓採取統一行動，剩下的陵墓由著大夥兒隨便挖。首先決定向同治夫婦合葬的惠陵下手。王紹義做戰前總動員：「這座陵裡埋著的是同治，20來歲就死了。他是慈禧老妖婆生的，從小就不學好，也搶了不少人民的財寶，他老婆自個兒吞金子撐死了。這金子留著幹啥不好哇！要是沒用處，給咱們窮人，大夥還說他個好呢！看看，這兩口子心眼多壞，挖墳活該！把他的這些房子拆了也不解恨！大夥還是按照分工，各幹各的吧！」

這王紹義非但宣傳到位，防範手段也很嚴密，「崗哨啊，東邊放到侯家山，西邊放到新立去，北面放到塔山上，南面放到新城去。圈裡頭一個生人也不讓進來。啥時候撤，聽上級命令。」

王紹義在前邊訓著話，張盡忠在後面已經佈置好盜掘準備，見人群散了，皇城下就響起了「轟隆隆」的爆炸聲，相伴的是鍬鎬的撞擊聲和嘈雜的人語聲，硬是把這對沉睡了五、六十年的小夫妻「攪醒」了。這座陵建造比較粗糙，又因前幾年有人盜過（已挖下半米深），這次在原處動工，挑選的全部是在金礦幹活的強勞力，渴了有白糖蜂蜜水，餓了有馬蘭峪大餑餑，又加上幾個頭子都在一旁督戰。在巨大的利益驅使下，地宮口很快被打開了。張盡忠挑選了幾個心腹和頭頭進入地宮。

第一道石門被手榴彈炸了三次，旁邊炸開個能鑽進人的小

洞。第二道、第三道石門被王紹義撬動「自來石」而推開。

張盡忠道：「所有人一律站門外去，我挑幾個進去。誰亂動就打死誰。旁邊站著的把手電筒往裡照。」張盡忠指揮王紹義、趙國正、楊芝草、張森等人，先撬同治的棺材，自己則站在同治皇后的棺材上面，一手持槍，一手打手電，全神貫注地監視著⋯⋯

同治的棺材打開了，人們看見皇帝的龍袍在閃光，認為人體壞不了。當王紹義伸手一探，裡面只剩一架骨頭。因同治的屍體早已腐爛，滿身帶著刺鼻的腥臭，一抓猶如泥屎，令人作嘔。儘管這樣，為了珠寶，十幾隻手在臭氣沖天的泥骨裡亂攪，直到搜羅乾淨為止。打開皇后的棺材，光亮下人們全發呆了：這娘娘像個活人，面如荷花而溫馨地閉目養神呢！王茂（王紹義長子）「哎呀」一聲嚇昏過去。

張盡忠見幾個人目瞪口呆，大聲吼道：「他媽的，都愣著幹啥？還不快動手搜羅東西！」大家這才動作起來，有的扯衣服上的珍珠，有的取身旁的寶物，有的摘頭上的鳳冠霞帔，有的取簪環首飾⋯⋯

1945年12月22日，月黑風高，伸手不見五指。昌瑞山下爆炸聲震耳欲聾，一場新的盜掘活動衝著康熙皇帝的景陵開始，300多雙罪惡的手伸向景陵地宮，對康熙皇帝拖骨暴屍。經過三晝夜的「激戰」，終於拿下了景陵地宮這個「碉堡」，搜出了珍寶幾大口袋。王紹義得意揚揚地說：「我們所挖的幾座陵，就數這景陵的寶物多，不次於慈禧、乾隆的陵啊！」

張盡忠也樂不可支：「好東西比孫殿英得的還多呀！」

王紹義一夥本來就是土匪、無賴、盜墓賊，幹將們貪婪成性，打的招牌是「救濟貧民」、「按股分配」，卻又導演出一幕

又一幕分贓大火拼的醜劇。張盡忠心狠手辣，堅持在孝東陵分配盜掘定陵和景陵所得的寶物。因為這裡距他家近，一旦打起來也有退身之地。面對眾多的珍寶，眾人你拿我搶，亂成一鍋粥，最後商定以比槍法打孝東陵殿簷上的獸頭定輸贏分寶物。

另外張盡忠和王紹義還設下圈套，事先安排好人，聽見槍響就冒充軍分區敵工部的人來敲門過問，又由他張隊長出面應付過去，最後自然得寶最多的是王紹義和張盡忠。

好事不出莊，壞事亂嚷嚷。「要發財去盜墓，一夜成為暴發戶」。這股邪風迅速蔓延到陵區的四周村莊。平時遊手好閒、不務正業的人見狀，紛紛走上盜陵生財之道。

八區的趙子新帶領10多名區小隊隊員和民兵，一夜間把景陵的一座貴妃陵盜了。

關會增、賈正國一起挖掘了康熙的二妃陵。

穆樹軒同賈井滿把裕陵裡的香妃墓掘了。

王紹義父子又鑽進裕陵園寢連盜兩座妃子墓……

整個清東陵14座陵寢、157人的墓幾乎無一倖免。

四、軍統的介入，使盜陵案複雜化

王紹義一夥人盜掘東陵的行動，很快被北平國民黨特務偵知。時任軍統局北平辦事處處長的馬漢三，立即密報重慶軍統特務頭子戴笠。根據蔣介石的密令，馬漢三迅速指使手下特務鄭恩普、張樹庭全力調查此事，並做了周密部署：第一，抽調人員，四路設卡，安排部分特工守在珠寶店裡，捉拿來北平銷贓的盜陵犯，沒收其全部珠寶，人員關押審訊；第二，派出專人，緝拿主犯張盡忠，企圖把盜陵的幕後指揮者這一罪名安在共產黨頭上；第三，要展開宣傳攻勢，召開新聞記者會，大造中共盜竊清東陵

的輿論，使之在政治上站不穩腳。

在其主子唆使下，特務張樹庭幾進東陵，蒐集盜陵的情報。軍統頭目鄭恩普調集城內的偵緝隊，堵住四門八巷，緝拿馬蘭峪的人關押審訊，先後抓捕70餘人，收繳了800多件珍寶（部分被馬漢三等貪污，還有部分由馬漢三送給戴笠，僅存小部分轉送故宮博物院）。

為了邀功，張樹庭渾水摸魚，竭盡其能，挑撥事端，破壞國共談判。致使有些報紙上發表了「曹致福（冀東軍區司令員）與張盡忠將清東陵掘了」的新聞，終於導致了1946年1月10日至30日在重慶召開的舊政協會議上蔣介石責問周恩來的鬧劇。

五、盜陵者的可恥結局

儘管國民黨特務捏造事實，栽贓陷害，但事實是不容篡改的。隨著人民政權的鞏固，薊遵興聯合縣專案組也隨之介入，掀起了揭發檢舉的熱潮，追查盜陵犯的工作很快呈現出「老鼠過街，人人喊打」的態勢。經過一年多的揭發、追查、審訊、抓捕工作，東陵的盜掘者得到了應有的下場：

穆樹軒、賈正國、趙國正、李樹卿、劉恩、劉繼新等六名主犯武裝拒捕，在1946年2月1日（農曆除夕）被槍決。

八區區長介儒投案自首。

區助理趙子新被緝拿歸案，受到法律嚴懲。

區財糧助理仇治勝和民兵小隊副隊長賈井滿潛逃了一陣子，後仇治勝在國民黨軍隊進攻時被嚇死了。賈井滿被判刑20年，釋放後在「文化大革命」中自殺。楊芝草外逃下落不明。

首犯王紹義、張盡忠畏罪潛逃。張盡忠潛往唐山唐家莊一個小煤礦，1946年6月27日被軍統特務抓獲，1948年2月28日病死於

北平地方法院看守所。慣匪王紹義依仗手中有槍，且槍法又準，1946年初外逃。公安人員追萬餘里，歷經三個縣和上百個村莊，連續緝捕五年之久，最後終於在八仙桌子山上將其抓獲。1951年3月21日，王紹義被槍決。

跳樑小丑張森，這個當過八路軍和國民黨特務的「小麻子」，既為國民黨特務捉拿張盡忠盡過力，又幫共產黨逮捕了首犯王紹義。投案自首得到寬大處理，不久，忘乎所以又幹起盜陵的壞事，最終沒有逃脫人民專政的法網。

〈全書終〉

國家圖書館出版品預行編目資料

〔新版〕歷史不能細讀，文歡主編，
　　初版，新北市，新視野 New Vision，2020.02
　　　面；　　公分 --
　　　ISBN 978-986-98435-5-3（平裝）
　1.中國史　2.通俗史話

610.9　　　　　　　　　　　　　　　108022093

〔新版〕歷史不能細讀
文歡　主編

出　　版　新視野 New Vision
製　　作　新潮社文化事業有限公司
　　　　　電話 02-8666-5711
　　　　　傳真 02-8666-5833
　　　　　E-mail：service@xcsbook.com.tw

印前作業　東豪印刷事業有限公司
印刷作業　福霖印刷有限公司

總 經 銷　聯合發行股份有限公司
　　　　　新北市新店區寶橋路 235 巷 6 弄 6 號 2F
　　　　　電話 02-2917-8022
　　　　　傳真 02-2915-6275

初版一刷　2020 年 02 月